La mirada ibérica a través de los géneros literarios

STUDIEN ZU DEN ROMANISCHEN LITERATUREN UND KULTUREN

Herausgegeben von Olaf Müller,
Christian von Tschilschke und Ulrich Winter

BAND 2

Zu Qualitätssicherung und Peer Review der vorliegenden Publikation

Die Qualität der in dieser Reihe erscheinenden Arbeiten wird vor der Publikation durch Herausgeber der Reihe oder andere unabhängige Fachgutachter geprüft.

Notes on the quality assurance and peer review of this publication

Prior to publication, the quality of the work published in this series is reviewed by editors of the series or by other external referees.

Antonio Rivero Machina, Guadalupe Nieto Caballero,
Ismael López Martín y Alberto Escalante Varona (eds.)

La mirada ibérica a través de los géneros literarios

PETER LANG

Bibliografische Information der Deutschen Nationalbibliothek
Die Deutsche Nationalbibliothek verzeichnet diese Publikation
in der Deutschen Nationalbibliografie; detaillierte bibliografische
Daten sind im Internet über http://dnb.d-nb.de abrufbar.

Funding Information:
Asociación de Investigación y Crítica sobre Literatura Española (ASICLE)
Excmo. Ayuntamiento de Cáceres

ISSN 0170-9208
ISBN 978-3-631-77762-6 (Print)
E-ISBN 978-3-631-78466-2 (E-PDF)
E-ISBN 978-3-631-78467-9 (EPUB)
E-ISBN 978-3-631-78468-6 (MOBI)
DOI 10.3726/b15399

Peter Lang – Berlin · Bern · Bruxelles ·
New York · Oxford · Warszawa · Wien

www.peterlang.com

Tabla de contenidos

La mirada ibérica. Palabras preliminares

No son pocos los ensayistas e historiadores que se preguntan, desde los tiempos de Oliveira Martins hasta la plena actualidad de voces especializadas como la de Rafael Valladares, cómo es posible que dos naciones, dos culturas tan próximas como son España y Portugal, hayan mantenido a lo largo de tantos siglos, y sin ninguna barrera geográfica insalvable que lo justificase, una relación constante de distanciamiento, cuando no de hostilidad.

Sin embargo, donde la historia ha podido escribir conflicto, la literatura a menudo ha ofrecido hermanamiento. Es evidente que lo luso y lo hispano se han configurado como reacción individualista al exterior: que somos lo que no es el otro, que nos identificamos conscientemente como únicos y diferentes. La historia se construye necesariamente sobre el extrañamiento. No obstante, incluso esta oposición ha tenido que nacer del contacto: del diálogo, de la lectura, de la curiosidad y la inquietud. De dos países que se saben ligados pero que, a pesar de ello, en ocasiones se sienten aún desconocidos y alejados. Porque solo la mirada común, la perspectiva ibérica, logra completar la definición de dos culturas distintas y reconocibles, pero también entrecruzadas insoslayablemente.

Desde la Asociación de Investigación y Crítica sobre Literatura Española nos propusimos fomentar ese diálogo literario entre investigadores, con el fin de ahondar en el conocimiento de la literatura hispánica a partir de las relaciones con su entorno. Fruto de este objetivo, ofrecemos ahora un volumen en el que internacionalizamos nuestra propuesta. En estas páginas recogemos una breve aproximación a la cuestión hispano-lusa en la literatura. Varios especialistas de universidades europeas se reúnen en una recopilación diversa pero homogénea en su hilo común. A lo largo de los capítulos de este volumen recorremos las relaciones literarias entre España y Portugal desde diferentes perspectivas: la recepción de textos de ambos países de un lado a otro de la frontera, la traducción, la reescritura de tópicos y argumentos, la cuestión ibérica. Desde los Siglos de Oro hasta la actualidad más próxima, ofrecemos algunas pinceladas críticas sobre aspectos concretos que podrán ayudar –así lo esperamos– a dilucidar teóricamente algunas cuestiones aún poco estudiadas, y que contribuyen a detallar nuestro conocimiento sobre un tema tan vasto y complejo como fascinante y necesario.

Lo que nos ocupa y nos preocupa en este volumen es, en suma, tomar constancia de un diálogo mantenido a lo largo y ancho de la Península. Un diálogo ibérico a través de los siglos, desde los orígenes de nuestras literaturas hasta la más rabiosa actualidad, pero también a través de los distintos géneros literarios. Así, tomando como punto de partida los Siglos de Oro y el arranque de nuestro más traumático desencuentro, el trabajo de Ismael López Martín nos acercará al ámbito del drama barroco como medio y fin para la construcción de identidades nacionales diversas precisamente en un momento tan crucial para lo ibérico como el periodo de los Felipes y la posterior Restauración portuguesa: esto es, durante aquella convulsa etapa de casi tres décadas, mediando el siglo XVII, en la que España y Portugal se enzarzan en una guerra abierta por la soberanía de esta última. Por su parte, Alberto Escalante Varona aborda la presencia del mito y la historia como elemento colectivo e identitario a través de los siglos, desentrañando la presencia de un personaje como Fernán González, personaje a medio camino entre la Historia y la leyenda como fundador del Condado de Castilla, en la novela romántica portuguesa y, particularmente, en *O conde soberano de Castella*, de Oliveira Marreca. Avanzando en nuestro recorrido a través de los siglos y los géneros, Miguel Ángel Feria repasa y completa la presencia de la poesía portuguesa en las revistas del modernismo español, un periodo verdaderamente seminal en la reanudación efectiva del diálogo entre las literaturas ibéricas. No en vano, conforme avanza el siglo XX el enfoque ibérico empieza a teñir con más y más fuerza la mirada de algunos de los mejores valores de nuestra literatura contemporánea. Sobre la pujanza de este diálogo creciente, incluso más allá de periodos adversos y autárquicos como el de las dictaduras salazarista y franquista da testimonio el trabajo de Antonio Rivero Machina, el cual centra su atención sobre la longeva y emblemática revista *Vértice* como plataforma para la penetración y difusión en el Portugal de Mediosiglo de nuevas voces precedentes del panorama literario español del calado de Claudio Rodríguez o Jesús López Pacheco. Una pujanza y una presencia igualmente presentes en algunos de los poetas portugueses más relevantes de la segunda mitad del XX como Carlos de Oliveira, certeramente examinada por Antonio Alías en el capítulo que firma para el presente volumen. Cerramos nuestro recorrido por el siglo XX, finalmente, analizando las fructíferas relaciones con la literatura portuguesa de una novelista tan excepcional como Carmen Martín Gaite, en un trabajo signado por Mónica Fuentes del Río. Por último, Jesús Guzmán Mora nos lleva hasta los inicios de este siglo XXI, que cerca está ya de cumplir su segunda década, analizando la recepción de la última novela negra española en el Portugal actual, centrándose, particularmente, en Ignacio del Valle y su ciclo de Arturo Andrade.

La historia de España y Portugal es la de una convivencia inevitable. También la de un distanciamiento voluntario, sí, que solo una frontera imaginaria y convencional ha conseguido reforzar. Aun así, esta Raya trazada de noroeste a suroeste no ha podido resquebrajar siglos de culturas en contacto. Una Hispania que siempre ha sido Iberia, que construye su identidad sobre el reflejo, contrapartida y fusión entre dos naciones hermanas: una relación tan fructífera como obviada en el día a día por buena parte de la sociedad. En estas páginas, en suma, pretendemos contribuir al debilitamiento de ese desconocimiento mutuo que a menudo nos acecha, difuminando una Raya invisible pero tangible que, en realidad, como prueba la literatura a través de los siglos y de los géneros, jamás ha sido infranqueable.

Los Editores

Ismael López Martín
Universidad de Salamanca

El drama barroco hispanoluso en la construcción de identidades

Resumen: Los actuales territorios nacionales de España y Portugal han experimentado, a lo largo de la historia, posiciones de acercamiento y de lejanía en función de sus condicionantes sociopolíticos. De estas relaciones queda constancia en las manifestaciones culturales y artísticas que veían la luz a uno y otro lado de la Raya. La literatura no es ajena a estas influencias, y el siglo XVII una centuria en la que se escribieron unas obras de teatro que se dedicaron a identificar los caracteres estereotípicos de españoles y portugueses. En algunos casos se recurrió a la parodia o a la crítica del pueblo vecino para refrendar, así, los valores nacionales. El periodo del *Portugal dos Filipes* (1580–1640) supuso una reivindicación de la independencia lusa frente a la pretendida usurpación del trono portugués por parte de los españoles. En este artículo se proponen cinco obras de teatro escritas por autores españoles y portugueses y publicadas entre 1635 y 1658, fechas situadas a ambos márgenes de la independencia portuguesa, producida en 1640. En ellas nos acercaremos a la descripción de los valores de unos y otros y a su caracterización típica y tópica.

Palabras clave: Literatura hispanolusa, Teatro del siglo XVII, *Portugal dos Filipes*, Estereotipos nacionales, Construcción de indentidades, Relaciones transfronterizas, Literatura ibérica.

1. Introducción

Los largos años de convivencia política y social entre los actuales territorios ibéricos de España y Portugal no pudieron sino dejar constancia cultural y literaria de unos intercambios absolutamente interesantes y definitorios de las características que conformaban los quehaceres de una y otra nación y los rasgos que sintetizaban sus cosmovisiones.

En las literaturas de España y Portugal hemos tenido recepciones tardías de obras, influencias comunes –y, también, distintas–, autores que cultivaron los géneros literarios en las dos lenguas y obras que sirvieron como modelo para expresar la buena vecindad entre el pueblo luso y el español. Sin embargo, también ha habido algunos conflictos sociopolíticos en momentos puntuales de la historia de España y de Portugal, y ello ha sido plasmado en las obras. Para conocer y valorar en toda su extensión las relaciones literarias hispanolusas hemos de avanzar en el estudio de esos momentos de tensión, que, sin duda, también forman parte de la construcción de los vínculos de ambas naciones en la república de las letras.

La literatura barroca se muestra proclive a la acomodación de estereotipos a uno y otro lado de la frontera, conformando un iberismo literario que da soporte a los conflictos políticos y sociales. Según el punto de vista del emisor del discurso literario, ya sea español o portugués, una nación u otra será enamoradiza, arrogante, valerosa, tendrá un pasado heroico como pueblo, etc. Es muy interesante que los mismos tópicos se apliquen a unos y otros, en función de la obra particular. Pero es que, además, uno de los géneros que más se presta para delimitar los rasgos del carácter de unos y otros es el dramático, que verdaderamente funciona como un espejo de costumbres en el que las tradiciones de los pueblos y, en consecuencia, la construcción de sus propias identidades nacionales y personales, se ven reflejadas; cumpliéndose, así, la sentencia de Arthur Miller de que «el teatro no puede desaparecer porque es el único arte donde la Humanidad se enfrenta a sí misma».

En las páginas siguientes podrá comprobarse la aplicación de esos tópicos y la riqueza que aportan a las relaciones hispanolusas en varios textos dramáticos del siglo XVII, que son, cronológicamente, los siguientes: *A secreto agravio, secreta venganza* (1635), *La feliz Restauración de Portugal y muerte del secretario Miguel de Vasconcelos* (1647), *Entremés del portugués* (1653), *El portugués* (1655) y *Castigos de un castellano* (1658).

2. Estereotipos desde España a favor de Portugal

A secreto agravio, secreta venganza es una tragicomedia de Pedro Calderón de la Barca. Es una obra de 1635, y fue publicada en la *Segunda parte de las comedias de don Pedro Calderón de la Barca*, en 1637, junto con obras como *El mayor encanto, amor, El galán fantasma, El médico de su honra* o *El astrólogo fingido*.

La obra se escribe y se publica con anterioridad a las revueltas de 1640, y desarrolla un conflicto amoroso, un triángulo en el que una castellana está casada con un portugués y tiene un amante, que es castellano. En la obra podemos comprobar estereotipos aplicados desde España a los portugueses, pero desde un punto de vista positivo. Está escrita por un español, y presume que el portugués es virtuoso, está enamorado y defiende su honor, mientras que los castellanos son caprichosos, le roban el honor al portugués y mueren por ello.

Seguidamente se citan algunos ejemplos sobre detalles y caracteres de castellanos y portugueses.

Pueden encontrarse alabanzas al rey de Portugal («eterno dure ese laurel divino/que tus sienes corona», vv. 19–20) o a la flota del país vecino («naves, que ciertas exceden/las fingidas de Jasón», vv. 100–101). Además, se define Portugal como «invencible nación» (v. 105) y se asume el honor de los soldados lusos, como en estos versos (290–294):

Don Lope	Ninguno. Solo dichoso
	puede llamarse el que deja,
	como vos, limpio su honor
	y castigada su ofensa.

Uno de los rasgos que se utiliza con mayor frecuencia para caracterizar al pueblo portugués es su lirismo, que se sitúa asociado a la musicalidad de la lengua. Así, puede leerse en los versos 925 a 929:

Don Lope	Mirad que los portugueses
	al sentimiento dejamos
	la razón, porque el que quiere
	todo lo que dice quita
	de valor a lo que siente.

Las referencias positivas hacia la monarquía lusa son constantes, como sucede en «servid hoy a Sebastián,/cuya vida el cielo aumente;/que es la sangre de los nobles/patrimonio de los reyes» (vv. 994–997), palabras que dice, precisamente, una castellana. La lealtad al rey es, precisamente, otra de las notas que definen el carácter de los portugueses, como se ve entre los versos 1932 y 1936: «(*Ap.* Cobarde al Rey me llego,/que esta pena, esta rabia y este fuego/tan cobarde me tienen que sospecho,/con vergüenza, dolor y cobardía,/que todos saben la desdicha mía.)». Sebastián I de Portugal, de la dinastía de Avís, falleció sin descendencia en 1578, durante la batalla de Alcazarquivir, que enfrentó a Portugal con Marruecos, apoyando el primero a un pretendiente al trono del país africano. En la contienda perecieron el monarca luso, el marroquí y el pretendiente al trono africano. A partir de ese momento surgió un movimiento de corte romántico, el sebastianismo, que esperaba a un restaurador de las grandezas de Portugal. A Sebastián I le sucedió su tío abuelo Enrique I, el cardenal-rey, que murió dos años después, también sin descendencia, y dio lugar, a partir de 1580, al conocido *Portugal dos Filipes*, pues fue Felipe II de España el que se alzó ese año como rey de Portugal y, tras él, sus herederos, hasta la Restauración, que se explica más adelante.

Como se ha visto, el honor es uno de los grandes aliados de los portugueses, y vuelve a tratarse, en esta obra, entre los versos 2001 y 2006, con ejemplos para no perderlo:

> Don Lope ¿Yo, por no ponerte a riesgo,
> toda mi vida no he sido
> con el humilde, cortés;
> con el caballero, amigo;
> con el pobre, liberal;
> con el soldado, bienquisto?

También se describe en la obra el valor de un portugués ofendido y la gran estima que tienen a esta nota de carácter, así como a la defensa que son capaces de hacer a través de la venganza para recuperar la buena fama: «la más pública venganza/será que el mundo haya visto:/sabrá el Rey, sabrá don Juan/sabrá el mundo, y aun los siglos/futuros, ¡cielos!, quién es/un portugués ofendido», vv. 2055–2059. Y precisamente el cumplimiento de la ley de la honra justifica las represalias, como en «pues ya que, conforme a ley/de honrado, maté primero/al galán, matar espero/a Leonor: no diga el Rey» (vv. 2546–2549).

Para acabar con esta obra pueden recogerse dos nuevas características que se atribuyen al pueblo portugués: la hospitalidad y el valor de la amistad. La primera puede observarse en «en ella, a ser hoy soltero,/os sirviera y hospedara/porque un caballero debe/amparar nobles desgracias» (vv. 1669–1672). La segunda se sitúa entre los versos 1815 y 1820: «¿Qué debe hacer un amigo/en tal caso? Pues entiendo/que si lo callo, le ofendo,/y le ofendo si lo digo;/oféndole si castigo/su agravio. Yo fui su espejo».

Se trata, pues, de una obra escrita desde España y a favor de los portugueses, y cabe recordar que todavía no se habían producido las revueltas de 1640, hecho que, sin duda, influyó en la caracterización de unos y otros en las obras; aunque en este drama calderoniano también haya un castellano, don Luis, que sin razón tilda a los vecinos de «¡qué portuguesa arrogancia» (v. 1716), y lo hace en aparte.

3. Estereotipos desde Portugal a favor de Portugal

Los *Castigos de un castellano* son un entremés de Manuel Coelho Rebelo. Se trata del «Entremés XVII» de la única obra que conocemos de este autor: la *Musa entretenida de entremeses*, publicada en Coimbra en 1658. Coelho Rebelo es autor de obras en castellano y en portugués. *Castigos de un castellano* está escrita en ambas lenguas, utilizándose una u otra según intervenga cada personaje: el portugués habla en portugués y los otros dos agonistas en castellano.

En esta obra aparece un castellano con características que en otras piezas se atribuían a portugueses: enamoradizo y arrogante. Aquí se ridiculiza al castellano. Es el otro lado de la frontera, y se observan las mismas características para unos y otros, según los autores sean castellanos o portugueses.

Algunos ejemplos de caracteres son los siguientes. Entre los versos 17 y 24 se observa un castellano que insiste en cortejar a una mujer, y la amenaza con llamar a su marido. Se describe al castellano como arrogante y se dice que le da igual cualquier majadero. La mujer es castellana y está casada con un portugués.

Más adelante, en un fragmento situado entre los versos 28 y 47, el portugués despoja al castellano de su espada, de su vaina y de lo que lleva en los bolsillos en lo que bien pudiera entenderse como una alegoría del afán por la desocupación española de Portugal. De hecho, el portugués Ratiño impreca «arre, a Madrid!» en el verso 125, que es el último de la pieza, en una nueva representación de la ocupación española que refleja el interés del portugués por echar al castellano de su tierra con destino a Madrid.

Como ya se vio en la obra anterior, los portugueses son celosos de su honra, y la defienden para que perdure su buena fama. También en los *Castigos de un castellano* puede comprarse tal extremo, por ejemplo en el episodio en el que el portugués azota al castellano en la espalda para vengarse de querer cortejar a su esposa, momento que encontramos entre los versos 92 y 117.

Si en la obra anterior, *A secreto agravio, secreta venganza*, observábamos una relación de respeto de los españoles a los portugueses, ahora la situación ha cambiado: la obra *Castigos de un castellano* muestra azotes y quejas contra los castellanos. El motivo parece claro, y es que esta obra se publicó en 1658 y, por tanto, tras las revueltas del 1 de diciembre de 1640.

No podemos ser ajenos al conflicto histórico que se está viviendo si queremos encuadrar la obra en su contexto y, así, entenderla completamente. Como se ha dicho, en 1578 muere Sebastián I en la batalla de Alcazarquivir o Guerra de los Tres Reyes, y lo hace sin descendencia. Le sucede su tío abuelo, Enrique I, que también muere sin herederos, en 1580, y pone fin al reinado de la casa de Avís. En ese año las tropas de Felipe II de España toman Lisboa y el monarca es jurado como rey con el nombre de Felipe I de Portugal, comenzando a reinar la casa de Austria o Habsburgo en el país luso. A este rey le sucedieron Felipe III de España (II de Portugal) y Felipe IV de España (III de Portugal) en lo que se conoce como el *Portugal dos Filipes*. De 1580 a 1640 se manejan las ideas de Monarquía Hispánica, Unión Ibérica o Monarquía Dual, pues todos los territorios estaban bajo un mismo cetro; hasta la «proclamación» de la independencia en 1640.

No debemos olvidar tampoco el conflicto general que se estaba viviendo en Europa: la Guerra de los Treinta Años que comenzó en 1618 y finalizó con la Paz de Westfalia en 1648. España participó en la contienda, que enfrentaba al Sacro Imperio (dividido entre católicos y protestantes) con Bohemia, Dinamarca, Suecia o Francia.

El conde-duque de Olivares promovió en 1626 la Unión de Armas, que centralizaba los impuestos y las tropas de España y Portugal con la finalidad de mantener la política exterior de ser aliados del Sacro Imperio en la Guerra de los Treinta Años. Esta situación no fue del agrado de Portugal ni de otros territorios periféricos (Nápoles, Navarra, Aragón, Andalucía…), de tal manera que en 1640, además de en Portugal, acaecen otras revueltas importantes en Cataluña. Allí son asesinadas las autoridades imperiales que iban a luchar contra Francia en los Pirineos, Cataluña se anexiona a Francia (Luis XIII es conde de Barcelona) durante unos años hasta que, en 1652, España toma Barcelona y se acepta como rey a Felipe IV. Para poner fin al conflicto se firmó la Paz de los Pirineos (1659).

En el caso portugués, hay que aducir algunos antecedentes de la revuelta de 1640, como fueron el Motín de Oporto de 1629 y las Alteraciones de Évora de 1637, que supusieron la reacción del pueblo ante la presión impositiva y la crisis de subsistencia. Estas circunstancias provocaron más restricciones desde Madrid y la supresión del Consejo de Portugal, un órgano de gobierno regional. Aprovechando la crisis de Cataluña también comienza una revolución en Portugal, el 1 de diciembre de 1640. No se trató de un interés momentáneo, sino que existían otras causas, como que España no ayudara en ultramar a Portugal en sus disputas con los holandeses, la subida de impuestos y la Unión de Armas desarrollada por Olivares, la exclusión del país luso del comercio, el propio sentimiento nacionalista portugués que existía también de manera romántica desde el nacimiento del sebastianismo y la falta de adhesión popular al proyecto de Unión Ibérica, que solamente era sentido por la nobleza portuguesa, colmada de títulos.

En 1640 entran los hidalgos en el Palacio Real de Lisboa y expulsan a la virreina, la duquesa de Mantua, y defenestran a Vasconcelos, hecho que motivará una obra de teatro que también se trata en este trabajo. Se nombra nuevo rey a Juan IV, duque de Braganza. El conflicto se desarrolló en terreno agreste a través de la guerra de guerrillas; faltaron soldados por parte del bando español. En realidad, España se despreocupó de Portugal porque centró sus esfuerzos en Cataluña y en la Guerra de los Treinta Años, y ello motivó una sucesión de rendiciones, sin olvidar que Portugal fue apoyado por Inglaterra, Francia y la propia Iglesia, lo que, sin duda, coadyuvó al éxito luso.

Como consecuencia de todo ello se firmó la Paz de Lisboa en 1668, hace trescientos cincuenta años. Los monarcas Carlos II de España y Alfonso VI de Portugal reconocían la independencia del país vecino y, de manera implícita, la incapacidad española para haber mantenido ese territorio en un momento en que ya hacía aguas el otrora glorioso Imperio español.

Como parece lógico, esta compleja situación sociopolítica se trasladó a las obras, y a partir de ese momento encontramos obras de enfrentamiento que recogen las relaciones complicadas entre España y Portugal y sus respectivos sentimientos de adhesión nacional.

La feliz Restauración de Portugal y muerte del secretario Miguel de Vasconcelos fue escrita por Manuel de Almeida Pinto, un autor portugués poco prolífico que escribe en castellano, en 1647. Esta comedia, de 4630 versos, vio la luz en Lisboa en 1649. La obra comienza con un diálogo alegórico entre Francia y Portugal en el que ambas se conjuran frente a los desmanes de España. Olivares aconseja a Felipe IV que ataje las revueltas de Portugal. Se emite una carta secreta para convertir el reino de Portugal en provincia, aunque al final la encuentran unos hidalgos y la leen, determinando el hartazgo ante la situación de sometimiento que sufrían. Se destaca la avaricia de los secretarios (Olivares y Vasconcelos), la prudencia de la virreina, los vaivenes del rey Felipe IV, la humildad del duque de Braganza, la codicia de España, la usurpación del trono portugués, la subyugación del reino, la necesidad de restaurar y liberar Portugal, la catarsis final de Portugal en la persona de Juan IV, etc. Es un proceso de liberación nacional que, en cierta medida, recuerda la obra *Levantado del suelo* de Saramago, esta a propósito de la Revolución de los Claveles (1974).

En la pieza pueden leerse fragmentos que hacen referencia al conde-duque de Olivares. Así, Felipe IV critica su ambición («abrid, Duque, bien los ojos/de la razón, que eclipsados/los tenéis con mil nublados/de vuestros ciegos antojos», vv. 789–792) mientras que el valido llama locos a los portugueses en el verso 959 o recomienda actuar con dureza en dichas tierras: «advierte, augusto señor,/que los monarcas y reyes/pueden dispensar las leyes/con suavidad o rigor» (vv. 1003–1006). También Vasconcelos quiere crudeza para Portugal, y la virreina prefiere escribir de nuevo a Felipe IV para que reconsidere su postura, pues por estar mal aconsejado puede perder un reino (vv. 1286–1288).

Es muy interesante que el personaje del rey Felipe IV asuma que su padre heredó Portugal de forma ilegítima desde los tiempos de Sebastián I (vv. 1052–1061):

Rey Filipo	Conozco que injustamente
	mi padre le ha heredado
	cuando el duro y infeliz hado
	diclinar hizo, inclemente,
	al brazo fuerte y potente
	de un Sebastián famoso
	que con ánimo orgulloso
	quiso del bárbaro africano
	donar su furia y, ufano,
	dominarla victorioso,

hecho que repite al final de la obra, entre los versos 4317 y 4328, cuando se refiere a que durante sesenta años se ha usurpado el trono de Portugal y a que la casa de Braganza era la justa heredera.

Se dedican muchos versos a la justificación de la *liberación* de Portugal (término que utiliza la virreina en el verso 1368) y a la bondad de algunas autoridades españolas en el reino portugués. Así, entre los versos 1395 y 1402 la criada Jacinta dice a la virreina Margarita de Saboya que es leal al rey y buena con Portugal, y que eso lo sabe el pueblo. Por ello le recomienda que deje que Vasconcelos haga lo que quiera y que no se enfrente al rey Felipe IV aunque esté mal aconsejado. Más adelante, entre los versos 1804 y 1851, el duque de Braganza se queja de la usurpación española, del mal trato que recibe el pueblo luso y de que el rey le ha enviado una carta para que acate sus normas.

El duque de Braganza muestra su humildad a lo largo de la obra porque será el restaurador de la monarquía legítima, y un ejemplo de ello lo encontramos entre los versos 2695 y 2706, cuando Bitonto, criado del duque, le dice que tiene tratamiento de majestad y no de excelencia, ordenándole el duque que guarde silencio:

Bitonto	Como bien por experiencia
	verifico esta verdad,
	pues tienes de Majestad
	el título y no de Excelencia.
	Y, uniformes, diciendo
	goces el cetro y corona
	solo, por tu real persona
	miro a todos suspirando.
Duque	Calla, loco, no prosigas
	la causa de mi tormento;
	pues con ese pensamiento
	más a mis ansias fatigas.

Finalmente llegará la restauración del trono portugués en la casa de Braganza y la defenestración de Vasconcelos, aunque este elemento de crueldad no se escenifica, tal y como recomendaba Aristóteles, para quien no hacía falta ver en escena los hechos más sangrientos para llegar a la *conmiseratio*, sino que por la palabra había que llegar a horrorizar al espectador. Lo mismo recomendó, por ejemplo, Cubillo de Aragón, en *El enano de las musas*.

4. Estereotipos desde España a favor de España

En este apartado trataremos sobre entremeses que muestran características positivas de los españoles y tópicas de los portugueses, algunas de ellas negativas, todo ello trufado por elementos de comicidad, propios de los entremeses.

El *Entremés del portugués* (1653) de Jerónimo de Cáncer señala características tópicas del pueblo luso. El personaje portugués que aparece emplea una imitación de la lengua lusa. Así, los portugueses son enamoradizos («¡Ay, que morrendo estoy de enamorado»)[1], arrogantes y anticastellanos:

Portugués	Hola, mirai que naon piseis a mia sombra
	porque es como pisar úa serpente
	y os quedareis ahí morto de repente.
Portugués	por catro mortes me votáis as maos,
	sabéis que os que maté eran Castejaos,
	queréis que os vote eu por a charela,
	pois que importa matar toda Castela,

pero también criminales («este es el portugués de aquellas muertes»), cobardes («que enforquéis por mi conta ese criado») o brujos y engreídos:

Portugués	en la culpa que eu teño,
	è eu dexo averiguado,
	que os quatro omes que dizen,
	así como me miraron,
	sin que eu llegase a ellos
	con más de cuarenta pasos,
	de medo, è naon de outra cosa
	se morreron todos cuatro.

En 1655 Jerónimo de Cáncer publicó en Madrid el entremés titulado *El portugués* en *Autos sacramentales, con cuatro comedias nuevas y sus loas y entremeses.* Presenta algunas características de los portugueses que ya aparecen en la obra anterior: el carácter anticastellano y engreído en «y en este está un portugués/muy valiente, y muy finchado,/hablando toda la vida/muy mal de los castellanos» (fol. 162v) (también señala cómo un

---

1 El Portugués toma a Juan Rana por criado y le dice que le siga con los suspiros y que repita lo que él dice, aunque añade elementos de comicidad relacionados con la comida: «Portugués: Ven, porque cada dia mais te alongas./Juan Rana: Ven porque cada día hay más mondongas».

portugués se enfrenta a serpientes y a leones pues es como si fuera «botar-
me gazapos» (fol. 163r)) y la insolencia y arrogancia, como en el siguiente
fragmento (fol. 163r):

Portugués	¡Ay reciños Castellaos!,
	mataran muita basura,
	batu a Christu.
Huésped	¿Qué decís?
Portugués	Que ya me canso
	de falar e non reñir.
Huésped	¿Reñir queréis?
Portugués	Sí, con cuantos
	hay aquí.

5. En síntesis

Con las cinco obras que hemos seleccionado hemos podido comprobar
cómo los españoles y los portugueses son acreedores de algunos estereotipos
iguales, por lo que carecen de sentido; vienen y van según la parte interesa-
da. Además, parece que la relación hispanolusa no está exenta de luces
y sobras en la literatura, que también está basada en el momento histórico
que viven ambas naciones.

Es necesario conocer todos los flecos de las relaciones entre España y
Portugal para no convertir en idílicos unos intercambios que no lo fueron
siempre, y así, ser verdaderamente conscientes de los avatares históricos
que hemos experimentado y que, por lo tanto, también forman parte de
esas relaciones.

Bibliografía

ALMEIDA PINTO, M. de (2018): *La feliz Restauración de Portugal y muerte
del secretario Miguel de Vasconcelos*. Disponible en el Centro de Estudos
de Teatro, *Teatro de Autores Portugueses do Séc. XVII – uma biblioteca digital*: <http://www.cet-e-seiscentos.com/>, fecha de consulta: 4 de
noviembre de 2018.

CALDERÓN DE LA BARCA, P. (2011): *A secreto agravio, secreta venganza*.
Edición de Erik Coenen. Madrid, Cátedra.

CÁNCER, J. de (1653): *Entremés del portugués*. S. l., s. n.

CÁNCER, J. de (1655): *El portugués*, en *Autos sacramentales, con cuatro comedias nuevas y sus loas y entremeses*. Madrid, María de Quiñones, 162r-164v.

COELHO REBELO, M. (2018): *Castigos de un castellano*. Disponible en el Centro de Estudos de Teatro, *Teatro de Autores Portugueses do Séc. XVII – uma biblioteca digital*: <http://www.cet-e-seiscentos.com/>, fecha de consulta: 4 de noviembre de 2018.

Alberto Escalante Varona[1]
Universidad de Extremadura – GRILEX

La recepción de Fernán González en la narrativa romántica española y portuguesa: aproximación a *O conde soberano de Castella*, de Oliveira Marreca

Resumen: En este capítulo, se propone una lectura crítica de la novela romántica por entregas *O conde soberano de Castella*, de António de Oliveira Marreca. En primer lugar, se encuadrará este texto en la producción literaria hispana sobre la leyenda del conde castellano, en teatro y narrativa, a lo largo del siglo XX, para concluir con una nota sobre su recepción internacional. A continuación, se propondrá una metodología de estudio de la configuración tipológica del personaje en la literatura. Por último, se aplicará este método a la lectura de la novela de Marreca, atendiendo a sus principales motivos y tópicos argumentales, a la caracterización de Fernán González en ella y a los elementos tradicionales que retoma para formar un argumento ajustado a las características del género de la narrativa folletinesca. Como conclusiones, se discute brevemente si las convergencias y divergencias localizadas en la recepción de la leyenda en los ámbitos español y portugués responden a los mismos cánones estéticos e ideológicos de la época.

Palabras clave: siglo XIX, independencia castellana, Romanticismo, novela histórica, nacionalismo.

1. Introducción

La recepción literaria de las hazañas del conde Fernán González desde los primigenios cantares épicos hasta la narrativa del siglo XX responde a muy diversos factores: su configuración en diferentes géneros literarios, su recepción por sensibilidades distintas del público y en contextos históricos que determinan los significados que adquiere el personaje. No es una recepción

---

1   Este trabajo se encuadra dentro de las actividades financiadas por las Ayudas a la Formación del Profesorado Universitario (FPU14/00928), del Ministerio de Educación, Cultura y Deporte.

que se limite a los márgenes geográficos hispánicos: encontramos algunos ejemplos (pocos, pero ilustrativos) en territorio portugués e inglés.

En este trabajo ofreceremos algunos apuntes para el estudio comparado de la narrativa romántica española sobre Fernán González con su paralelo en el panorama portugués. En primer lugar, revisaremos el estado de la cuestión del tratamiento literario del personaje en la literatura narrativa y dramática española del siglo XIX. A continuación, comentaremos la novela *O conde soberano de Castella*, de António de Oliveira Marreca (1844–1853). Nos centraremos en sus rasgos constitutivos, en los que se aprecie en qué medida los núcleos temáticos y los recursos de composición característicos de la narrativa romántica condicionan la reescritura de la leyenda del conde castellano tanto en España como en Portugal.

2. Fernán González como personaje literario[2]: panorama general en la literatura decimonónica española

La configuración del conde castellano como personaje literario a lo largo del siglo XIX está determinada, como es natural, de los géneros más prolíficos de la centuria anterior. Su éxito en comedias heroicas da pie a su adaptación posterior en el drama romántico. Por otra parte, la difusión de la leyenda en el siglo XVIII a través de los pliegos de cordel, unida a la influencia de la narrativa histórica inglesa y la proliferación de la prensa escrita, favorece su tratamiento como protagonista de novelas de folletín. Al mismo tiempo, el personaje se adapta a las circunstancias históricas del periodo: el auge de los nacionalismos y regionalismos, los ideales liberales y el creciente interés cultural por el Medievo llevarán a que se recuperen episodios de su leyenda, como la independencia de Castilla y el enfrentamiento violento contra León, que hasta entonces habían sido menospreciados o ignorados en la literatura impresa o representada del siglo XVIII.

---

2   En este sentido, citamos nuestro trabajo (Escalante Varona, 2016) en el que revisábamos el estado de la cuestión de textos literarios sobre el tema, desde la Edad Media hasta el siglo XIX. Por último, próximamente aparecerá una ampliación del listado, con aportaciones hasta la fecha desconocidas o poco estudiadas (2018a),

En cuanto a la narrativa, Narciso Buenaventura Selva publica en 1842 *El conde Fernán González*. Carece de aproximaciones críticas. En 1865, Manuel Fernández y González publica *La condesa doña Sancha*. Es una extensa novela formada por tres libros: *El azor y el caballo, Los amores del conde* y *La independencia de Castilla*. Cotrait (1969) encuadra esta obra en la moda por la narrativa histórica en la Europa del momento. Ello implica que en la relación de las hazañas del conde los componentes legendarios acaban entremezclados con anacronismos y abundantes aportaciones surgidas de la imaginación del escritor con el objetivo de satisfacer el gusto de los lectores. Las variaciones con la materia tradicional son menores en el último libro, centrado en el episodio de la liberación del conde. Por ello, algunos aspectos clave, como la exaltación «nacionalista» castellana, desaparecen, encontrándonos así con una novela, en opinión de Cotrait (1969: 601), de personajes y sucesos planos y superficiales, mal construidos y objeto de contradicciones en su personalidad.

Cabe destacar también una breve biografía literaria que Telesforo de Trueba y Cossío y publica en 1830, desde el exilio, en Inglaterra: *The Count of Castille*: se tradujo al francés bajo el título *L'Espagne romantique*, y al español por Andrés Mangláez en 1843 (*El Conde Fernán González*, en el volumen *La España romántica*). A esta aportación desde el extranjero debemos sumar *O conde soberano de Castella*, novela histórica por entregas periódicas que escribió António de Oliveira Marreca entre 1844 y 1853, y que estudiaremos en este trabajo.

En cuanto al teatro, las aportaciones son múltiples. Mariano José de Larra escribe, en 1831, *El conde Fernán González y la exención de Castilla*[3]; Sebastián Herrero, en 1843, *Fernán González, conde de Castilla*; Antonio Ramírez Arcas es especialmente prolífico, con *La libertad de Castilla, o el conde Fernán González* (1845), *Doña Sancha, o la independencia de Castilla* (1847) y *La independencia de Castilla y heroísmo conyugal* (1862); Juan de la Rosa y Pedro Calvo consiguen éxito con *Fernán González*, drama en dos partes[4] (1847); Bernardo Aparicio, por último, escribe *Fernán González* (1872), en un acto.

---

3   Estudiada principalmente por Nougué (1968), Torres Nebrera (1990) y Ernesto Delgado (1999).

4   Estudiada por Vallejo (2000).

3. La construcción narrativa de un héroe: un caso de estudio en la leyenda de Fernán González[5]

A lo largo de la historia literaria, la leyenda de Fernán González demuestra su enorme capacidad de adaptación a los rasgos textuales y contextuales de los diferentes géneros en los que se ha desarrollado[6]. En la Edad Media apreciamos sus primeras plasmaciones como héroe épico, clerical y legitimador genealógico; en los Siglos de Oro se potencia su carácter aventurero y se introduce el de galán enamorado; en el siglo XVIII se intensifica su valor como conquistador y se presta más atención a su condición de buen esposo; en el XIX, por último, Fernán González es recuperado como símbolo del nacionalismo y defensor de la libertad, así como protagonista de aventuras folletinescas.

Las diferentes vías de configuración aquí señaladas no se desarrollan de forma estanca, independiente y homogénea. Antes bien, destacan por su flexibilidad y permeabilidad. La configuración épica medieval aporta todos los episodios fundamentales: de entre ellos, los conflictos contra León y Navarra serán cruciales para la relectura de la leyenda en clave romántica, cuando la rebeldía contra León se vuelva trasunto de la lucha contra el mal gobierno. Por otra parte, desde las crónicas y romances medievales podemos establecer una continuidad hacia la literatura áurea, dieciochesca y decimonónica sobre el tema, que emplea la leyenda principalmente para entretener al lector o espectador.

El conde Fernán González (1842), de Narciso Buenaventura Silva, plantea el escenario de los amores entre doña sancha y el conde. A partir de los acontecimientos de la guerra contra Navarra, Buenaventura desarrolla una serie de peripecias completamente inventadas, sobre la base de los esfuerzos

---

5　Reproducimos y resumimos en este capítulo las conclusiones de nuestro estudio (de próxima publicación; Escalante Varona, 2018b), centrado en las caracterizaciones literarias de la figura de Fernán González, en la que proponíamos tres vías: épica, clerical y legitimadora. Para los objetivos del presente trabajo, nos centraremos en la configuración del personaje como héroe de folletín, a modo de reestructuración de sus rasgos épicos y legitimadores de comportamientos.

6　Resulta fundamental el estudio de Pérez Priego (1989) sobre el tema, centrado en las actualizaciones literarias del personaje a lo largo de la Edad Media.

de Fernán González por enamorar a la infanta y las intrigas palaciegas de las que es víctima por haber matado en batalla al rey navarro; la independencia de Castilla queda solo como un añadido anecdótico en el desenlace. En *La condesa doña Sancha* (1869), Manuel Fernández y González también recrea numerosos lances y eventos derivados, de nuevo, de la traición de la reina doña Teresa, y los mezcla con múltiples recursos de folletín que no pertenecían al relato original. La leyenda, en resumidas cuentas, se convierte en una excusa para desarrollar argumentos efectistas, reconocibles por el lector y repletos de giros sorprendentes que remitan a pasados atractivos: a una lejana e idealizada edad heroica, una recreación tópica del pasado que muy poco tiene ya que ver con la que también imaginó la épica tradicional sobre los hechos heroicos del temprano Medievo que supusieron el germen de la identidad castellana.

4. *O conde soberano de Castella:* la recepción al otro lado de la frontera

La novela de António Oliveira da Marreca, a la que ya nos hemos referido, no resultó desconocida en España. Señalaba Menéndez Pelayo (1949: 298):

> No he llegado a ver los muy celebrados capítulos que de su novela histórica *O Conde Soberano de Castella Ferrao Gonçalves* dió a luz por los años de 1837 a 1842 en *O Panorama*, de Lisboa, el escritor portugués Oliveira Marreca, uno de los predilectos amigos de Herculano, que en el prólogo de sus *Leendas e Narrativas* llama a esta novela «concepción vasta, aunque todavía incompleta» [...] Conocí en mis mocedades al Sr. Marreca, ilustre economista, anciano respetable por su carácter y por su saber, que ocupaba entonces el puesto de director del Archivo Nacional de la Torre do Tombo, y de sus labios oí que pensaba refundir, a tenor de las modernas investigaciones históricas, la parte impresa de su novela, y terminarla; pero no sé si tuvo tiempo para realizar este propósito.

Menéndez Pelayo, sin embargo, erró en algunos aspectos. La novela se publicó efectivamente por entregas en el semanario lisboeta *O Panorama*, que comenzó su andadura en 1837. Pero las fechas ofrecidas por el erudito español corresponden en realidad a la publicación de la primera serie del semanario. *O conde soberano de Castella*, por el contrario, apareció en las series segunda y tercera, en dos tandas repartidas, respectivamente, en los años 1844 y 1853. No obstante, la obra en su conjunto quedó incompleta, y el proyecto de Oliveira Marreca de «refundir» la novela y «terminarla», hasta donde sabemos, no se realizó.

Así, centrándonos en la primera parte de la novela (Marreca, 1844), sus capítulos se localizan en los siguientes números de O *Panorama*[7]:

- 109, 27 de enero (págs. 28–30).
- 110, 3 de febrero (págs. 34–35).
- 111, 10 de febrero (págs. 44–46).
- 112, 17 de febrero (págs. 50–52).
- 113, 24 de febrero (págs. 58–60).
- 114, 2 de marzo (págs. 66–69).
- 115, 9 de marzo (págs. 74–76).
- 116, 16 de marzo (págs. 83–85).
- 117, 23 de marzo (págs. 90–92).
- 118, 30 de marzo (págs. 98–101).
- 122, 27 de abril (págs. 130–132).
- 123, 4 de mayo (págs. 138–140).
- 124, 11 de mayo (págs. 145–148).
- 125, 18 de mayo (págs. 156–158).
- 126, 23 de mayo (págs. 161–163).
- 127, 1 de junio (págs. 170–171).
- 132, 6 de julio (págs. 210–212).
- 133, 13 de julio (págs. 220–224).
- 135, 21 de julio (págs. 234–237).
- 138, 17 de agosto (págs. 260–264).
- 140, 31 de agosto (págs. 273–277).
- 145, 5 de octubre (págs. 315–318).
- 146, 12 de octubre (págs. 321–323).
- 153, 30 de noviembre (págs. 376–378).
- 155, 14 de diciembre (págs. 395–397).
- 156, 21 de diciembre (págs. 400–401).

---

7 Los ejemplares de O *panorama* correspondientes al año 1844 se publicaron en un volumen conjunto, el tercero de la colección. Citamos a partir de esta impresión. Se indica el número del ejemplar original, la fecha de publicación y las páginas del volumen donde aparece cada capítulo de la novela.

Al igual que con la novela *La condesa doña Sancha*, la obra de Marreca se encuadra en la tradición de la novela histórica del Romanticismo europeo. Se aprecia en dos aspectos clave. En primer lugar, la propia actitud de Oliveira a la hora de reformular los materiales históricos para ofrecer un relato ficticio pero verosímil:

> Todas estas circumstancias, que são históricas, dão ao nosso quadro não o ca-racter de verdade, mas um ar de verisemelhança, que é quanto pertendemos; e o que basta, segundo julgámos, nas composições da espécie da nossa. (1844: 277).

Oliveira, historiador aficionado, economista de profesión y diputado, no pretende redactar un estudio histórico. Por el contrario, percibe la escritura de su novela como una actividad circunscrita a la estética de su época y a un género nuevo («[...] o que basta, segundo julgámos, nas composições da espécie da nossa»): la novela histórica. Un género surgido de una concepción historiográfica y un renovado interés cultural por el Medievo que llevan a tratar el pasado histórico como materia literaria, lo que empuja al escritor a investigar sobre el periodo histórico escogido (reflejándolo explícitamente en el texto[8]) pero solo como recurso de composición. Se busca la verosimilitud: crear relatos reconocibles pero sujetos también a los gustos novelescos del público; los relatos con fuerte carga identitaria, como este, no se desvirtúan, puesto que su ficcionalidad es expresa.

Por ello, y en segundo lugar, Oliveira Marreca llenará la narración de tópicos, tales como un lenguaje preciosista y exaltado, un gusto expreso por la aventura total y una concepción sublimada del heroísmo, marcado por un fuerte carácter nacionalista. Nótese, por ejemplo, en la presentación del conde, caracterizado como cúmulo prototípico de virtudes viriles y patrióticas (1844: 44):

> Vês na frente de uma linha de cavalleiros aquelle nobre caudilho, vestido de malha, atravessando as ruas estreitas de Burgos? pois o seu nome é um nome contagioso que fere a corda sympathica das almas enérgicas, que electriza e enthusiasma a

---

8   Por ejemplo, cuando indica en nota al pie (1844: 66), a propósito del personaje del fraile Valentín, que acaba de introducir, que el padre Flórez, en *España sagrada*, «tom. 27 pag. 669, diz que o conde tinha um capellão d'este nome». O, en relación a un plato de cabrito que le ofrecen al conde, señala que (1844: 75) «[...] era um dos pratos mimosos da epocha, segundo refere Conde, ou St. Hilaire, que o cita na sua Historia de Hespanha [...]».

toda a província christaã, e que no peito do próprio mozarabe já domesticado ao jugo do estrangeiro acende o santo amor da independência. E a sua vida é vida de perigos, e sacrifícios, de aventuras e combates. [...] successor de Pelayo, representante da estirpe antiga, verdadeiro modelo do caracter nacional, tenaz, audacioso, elevado, é o homem dos destinos. Agora escuso nomear-vo-lo; que estes traços não quadram a outro senão ao illustre Fernão Gonçalves , o conde soberano de Castella.

La caracterización de los personajes musulmanes también responderá a otro de los tópicos fundamentales de la narrativa histórica romántica: el orientalismo. Esto se realizará de dos maneras. Por un lado, desde la admiración, fomentada por el exotismo asignado a tales culturas (1844: 28–29):

O viajante que no amanhecer do seculo 10º discorresse pelas margens do Guadalquivir, duas ou tres leguas abaixo do sitio onde hoje se assenta a moderna Cordova, nal faldas do monte Alaro, encontraria um alcaçar magestoso, e attrahido da formosura d'esse edificio, que pelo exterior se lhe houvera de affigurar fortaleza, se penetrasse no interior d'elle, á porta principal veria logo a bellissima estatua de uma mulher; [...] Depos entrando veria salas lageadas de marmore de differentes côres, e de desenhos com variedades infinita; paredes forradas tambem de marmore, e ornadas de mosaicos; [...] No meio da cada sala uma fonte como torno de agua cristalina cahindo sobre bacia de marmore. [...] Se descesse aos jardins, ve-los-hia plantados com admiravel symetria: arvores de fruta, loureiros, murteiras, e laranjeiras; bosques picturescos; [...] A cada passo se lhe offereceriam á vista n'aquelles jardins banhos magnificos, onde não penetrava a claridade senão por entre fendas abertas na abobada em fórma de estrellas; e essa claridade frouxa descia como albor matutino sobre grandes tinas de marmore branco, onde passavam oas horas mais abrasadas do dia os habitantes sensuaes d'esse logar de delicias. (1844: 28–29).

Pero este exotismo denota una sensualidad lasciva y dañina, que entra en conflicto tanto con la firmeza moral del héroe como con la propia fe católica. El musulmán es digno de admiración por su riquísima apariencia, pero también es cruel y vengativo. Toda esta parafernalia monumental «respira o horror da ilotratria e a crença pura na unidade de Deus» (1844: 132).

Esta sensualidad perniciosa y pagana se materializa en Azzahrat, personaje inventado; una mora que, por medio de artimañas de hechicería (ruptura del orden natural, por tanto), ansía enamorar al conde (1844: 58):

Mas Azzahrat por condão de encantamentos já tinha chegado a conseguir que o conde, que a não conhecia, delirasse por ella em sonhos; e se cuidase trahido pela mulher quo elle amava -a infanta de Navarra.

De tal manera que el sentimiento exacerbado, una de las características más notables del Romanticismo, se mezclará con todo el imaginario sobrenatural adscrito a este personaje. Fantasmas, criaturas y fenómenos paranormales serán reflejo de la tumultuosa pasión de Azzahrat:

> [...] e agora a sua alma ardente e sympathica estava de todo rendida ao conde de Castella com uma paixão, um delirio, um phrenesi, que nunca sentíra por nenhum outro. [...] Voltou-se pois para os meios sobrenaturaes. (1844: 35).
>
> [...] Mas á roda desta creatura encantadora toda a noite se sentiu um ruido como de ferros que se arrastavam: viram-se phantasmas lobregos, e espectros medonhos volteando: ouviram-se gritos fúnebres de aves agoureiras, e gemidos lastimosos como de almas penando em transe; até que as sombras da noite se furam escondendo, as visões manso e manso esvaecendo, o rugido e os lamentos socegando. A aurora vinha nascendo. Então os rouxinoes do jardim e da floresta a saudaram com alegres harmonias; e um raio do sol que assomava no horisonte, penetrando pela janela do camarim, veio bater sobre o rosto de Azzahrat, que acordando, soltou um suspiro , ergueu os olhos, e o primeiro objecto que elles toparam foi um letreiro , que estava nos espelhos metallicos , e dizia : *o conde de Castella está salvo!* (1844: 92).

En el conde, por el contrario, esta pasión se desarrollará a través del sentimiento patriótico. La legitimidad del conde residirá en sus acciones heroicas, así como en las realizadas por su linaje; conquistas y fundaciones de poblaciones servirán tanto para asentar el poder castellano, como para contribuir a la expansión de la Cristiandad, en contraste con otros gobernantes del pasado que acordaron humillantes e imperdonables treguas junto al moro (1844: 262):

> —Amaya e Santilhana fundou-as o conde Rodrigo; Roda, o conde Nuno Munes; Osma, o conde Gonçalo Telles; Oca, Corunha, e St. Estevão de Gormaz, meu pai o conde Gonçalo Fernandes; Sepúlveda fundei-a eu. Mas o que fizeram os reis? Nas Astúrias começou o rei Aurélio a obra antinacional comprando com um tributo vergonhoso a paz que sempre teve com os mouros, e permittindo- lhes casarem cora algumas virgens christaãs de nobre linhagem.

Fernán González aparecerá caracterizado con un intenso y beligerante castellanismo. En gestos, palabras y acciones será impulsivo, bravucón y pendenciero, pero todo ello guiado por una voluntad férrea, en pos de un objetivo superior como es la supremacía del condado, protegido por Dios (1844: 264):

> —Conde Vela, entrai em vós. Castella é livre. O seu senhor [batendo com a mão no peito] aqui está. O seu suzerano [apontando para o céu] está lá em cima. A

sua esperança [batendo nos copos da espada] está neste ferro. A sua força no coração de seus filhos. E o seu direito está na sua força. [...] Ide, e dizei-lhe [al rey Ramiro] que a farça da sua suzerania em Castella , bem longa para a paciência dos meus naturaes, e também para a minha, está acabada. Que o ultimo vassallo fiel que aqui lhe restava, éreis vós. Que nesta província tudo são rebeldes. Dai-lhe os meus parabéns pela gloriosa alliança que acaba de celebrar com o calipha! porque d'ora avante abd el Rahman o deverá ter pelo mais proveitoso alliado do íslam. [...] Dizei-he... Mas não lhe digaes mais nada .... Castella lhe dará a resposta, se elle vier procurá-la...

5. Conclusiones

O conde soberano de Castella no se aleja de las soluciones narrativas adoptadas en la novela histórica española sobre el argumento del conde Fernán González. Desconocemos si Oliveira Marreca tuvo acceso a la novela de Buenaventura; en todo caso, es evidente (y así lo hace saber explícitamente en el texto) que maneja con soltura las fuentes históricas castellanas.

En cuanto a la fidelidad hacia la leyenda medieval, no supone una pre-ocupación esencial para Oliveira porque no lo exige la configuración dis-cursiva del género de la novela histórica romántica. La rebeldía de Castilla constituye en la novela de Oliveira Marreca uno de los episodios indispen-sables; aun así, no es el núcleo central de la narración. Hasta entonces, diversas aventuras folletinescas, alejadas de la configuración tradicional del relato, copan la atención del escritor. Todo en *O conde soberano de Castella* responde a los esquemas propios tanto de la narrativa histórica del momento y sus fórmulas de éxito, como de los propios objetivos didácticos del semanario *O panorama*, semejantes a los del *Semanario pintoresco español*: instruir a los lectores con publicaciones periódicas misceláneas, en las que aprendían sobre temas de actualidad o del pasado nacional o ex-tranjero de una forma amena y atractiva. A ello contribuye sustancialmente la propia configuración narrativa de estos relatos históricos: instructivos como puerta hacia realidades históricas ajenas (en este caso, una perspectiva portuguesa hacia el pasado español), pero al mismo tiempo de finalidad fundamentalmente lúdica, atendiendo a la verosimilitud, que no veracidad, de lo relatado.

En conclusión, *O conde soberano de Castella*, a falta de estudios que pro-fundicen más en su situación dentro de la narrativa romántica portuguesa y en la obra de Oliveira Marreca, supone una interesante aportación al estado de la cuestión del tratamiento literario del conde Fernán González. En esta aproximación a la primera parte de la novela de Oliveira, que solo hemos podido analizar someramente en estas páginas, queda patente que las hazañas del conde castellano gozaban de interés narrativo tanto dentro como fuera de las fronteras españolas; en este caso, no tanto por sus contenidos identitarios como por su potencial folletinesco. Sus similitudes con la narrativa española del mismo periodo sobre el mismo argumento prueban la aceptación internacional de los moldes narrativos del género de la novela histórica, así como la alta adaptabilidad de la leyenda tradicional del conde a tal modelo. En ese sentido, el análisis de la caracterización del personaje en la literatura decimonónica, aún pendiente de más estudios, adquiere, tras la lectura de esta novela portuguesa, una interesante perspectiva adicional para completar una visión de conjunto de tal panorama.

Bibliografía

Ernesto Delgado, E. (1999): «*El conde Fernán González y la exención de Castilla*. Un olvidado drama histórico de Larra», *Crítica hispánica*, 21, 61–67.

Escalante Varona, A. (2016): «Tratamiento literario de la figura de Fernán González: fuentes primarias y ediciones», *Boletín de la Institución Fernán González*, XCV, 252 (2016/1), 97–116.

Escalante Varona, A. (2018a). «Para una bibliografía de Fernán González. Actualizaciones en la evolución textual de un argumento literario», en *Coloquio Internacional de la AHLM*. Università degli Studi di Catania. [En prensa].

Escalante Varona, A. (2018b): «Rebelde, cruzado, caballero: caracterizaciones de la figura de Fernán González desde la literatura medieval hasta el Romanticismo», en Mier Pérez, L., y A. Moro Martín, Alfredo (eds.): *Reescrituras o la vitalidad de la tradición en el estudio de la literatura*. Universidad de Cantabria. [En prensa].

Marreca, A. de Oliveira (1844): *O conde soberano de Castella*, en *O Panorama. Jornal literário e instructivo da Sociedade Propagadora dos Conhecimentos Úteis*, vol. 3º, serie 2ª. Lisboa, Typographia da Sociedade.

MENÉNDEZ PELAYO, M. (1949): *Estudios sobre el teatro de Lope de Vega.* Vol. III, *Crónicas y leyendas dramáticas de España.* Santander, Consejo Superior de Investigaciones Científicas.

NOUGUÉ, A. (1968): «Fernán González en el teatro español (continuación)», *Boletín de la Institución Fernán González,* 2° sem., Año 4[7], 171, 246–258.

PÉREZ PRIEGO, M. Á. (1989): «Actualizaciones literarias de la leyenda de Fernán González», en ETIENVRE, J. P. (coord.), *La leyenda. Antropología, historia, literatura. Actas del coloquio celebrado en la casa de Velázquez.* Universidad Complutense de Madrid, 238–252.

TORRES NEBRERA, G. (1990): «Introducción», en M. J. de LARRA: *No más mostrador. Macías.* Universidad de Extremadura.

VALLEJO GONZÁLEZ, I. (2000): «*Fernán González,* drama histórico romántico de Juan de la Rosa y Pedro Calvo Asensio», en *Homenaje a José María Martínez Cachero: investigación y crítica,* vol. 3. Universidad de Oviedo, 667–682.

Miguel Ángel Feria

Universidad Complutense de Madrid

La poesía portuguesa en las revistas del modernismo español

Resumen: Los trasvases literarios entre los dos pueblos ibéricos de España y Portugal no siempre fueron fáciles. En las siguientes páginas se observa la evolución de la poesía finisecular hispanolusa en su relación con la estética modernista, proveniente de Francia. Tanto el alto modernismo que surge del parnasianismo como el bajo modernismo, consecuencia del decadentismo y del simbolismo, no se sintieron de igual forma en las letras lusas. Los autores que representan el parnasianismo portugués son João Penha, António Gonçalves Crespo, António Feijó, António Gomes Leal o Cesário Verde, cuya repercusión fue nula en las revistas españolas del momento y muy restringida en las del país vecino. Los poetas decadentistas-simbolistas disfrutaron de mayor visibilidad tanto en revistas de uno y otro país como en antologías; en esas publicaciones encontramos referencias a Eugénio de Castro, António Nobre, Camilo Pessanha, Mayer Garçao, Silvio Rebello, Thomas da Fonseca, Afonso Lopes Vieira o Alberto Osório de Castro, quienes contribuyeron a la consolidación de un simbolismo más puro.

Palabras clave: Poesía portuguesa, Modernismo, Parnasianismo, Decadentismo-Simbolismo, Revistas literarias, João Penha, Eugénio de Castro.

1. Introducción

El primer problema que plantea cualquier estudio comparatista entre el modernismo español y la literatura portuguesa coetánea parte de las controvertidas cuestiones terminológicas y periodológicas que siguen rodeando al Fin de Siglo en el contexto ibérico. Dependiendo de qué se entienda por Modernismo, el corpus de los documentos a tratar y su interpretación varían inmensamente. De este modo, «La poesía portuguesa en las revistas del modernismo español» resulta sin duda un membrete impreciso, aunque lo es a conciencia. Primero, porque cuando se piensa en «revistas del modernismo español» acuden en seguida a la memoria sólo los órganos oficiales de la juventud modernista: *Helios*, *Renacimiento*, o todas las publicaciones que ideó Francisco Villaespesa: y poco más. Una acotación de este tipo facilitaría mucho la tarea a nivel cronológico y teórico, pero son varios los antecedentes de cierto relieve que ya dieron cuenta de ella[1]. Luego se podría ampliar el sintagma «revistas del modernismo» al catálogo de todas las publicaciones periódicas del sistema literario a principios del siglo XX, con lo cual se dilataría el campo de discusión, al trascenderse el punto de vista inclusivo y proselitista de aquella gente nueva –Villaespesa, J. R. Jiménez, etc.– para tomar en cuenta también su contrario, es decir, el antimodernismo de la gente vieja –Navarro Ledesma, E. Bobadilla, etc.–. Una resolución de esta naturaleza aporta una visión de conjunto de mayor fidelidad para con la realidad epocal, pero aún quedaría circunscrito el modernismo español a un marco temporal demasiado reducido: el que va desde la segunda visita de Rubén Darío a nuestro país en el 1898, hasta aproximadamente el inicio de la Primera Guerra Mundial. En cuanto a los componentes exclusivamente estéticos, relativos a la praxis poética, nada tendría de inocente esta elección, pues conlleva también restringir la génesis del modernismo en España a la introducción de las poéticas decadentes y simbolistas bajo la tutela de Darío.

Incertidumbres similares pueden extrapolarse a la literatura portuguesa. Más allá de la archisabida nomenclatura adoptada por la historiografía del país vecino –nuestro Modernismo corresponde a su Simbolismo, y su Modernismo a nuestras Vanguardias–, ver en el año de 1890, cuando se publica *Oaristos* de Eugénio de Castro, una suerte de big-bang que alumbró de la nada la modernidad poética en la península ibérica significa adulterar la realidad histórica y literaria. No debe ignorarse que antes de *Oaristos* se desarrolló toda una corriente de renovación estética, presente en libros y autores de variada fisonomía, cuyo objetivo no era otro que la superación de los esquemas postrománticos y realistas desde un ideario lúcidamente moderno.

El esquema historiográfico de la poesía finisecular que maneja el presente trabajo obedece a la siguiente configuración: tanto en Portugal como en todo el mundo hispánico, la modernidad vivió dos fases a la luz de sendos paradigmas estéticos y expresivos importados de Francia, ambos

---

1   Puede consultarse, a este respecto, la edición facsímil de *Las revistas modernistas de Francisco Villaespesa*, edición de Marlene Gottlieb, o el artículo de Sánchez Trigueros «Escritores portugueses en revistas modernistas españolas», si bien éste apenas se ocupa de dos revistas, *Electra* y *Málaga moderna*.

intramodernos: un primer o alto modernismo que se rige por los cánones del parnasianismo, y un segundo o bajo modernismo que adopta los del decadentismo y el simbolismo, de mucho mayor alcance en todos los sentidos, pues representó un auténtico cisma de la teoría de la expresión poética occidental. La transición de uno a otro paradigma varió dependiendo del contexto, y evidentemente las fechas no pueden aplicarse indiscriminadamente. Portugal adelantó esta inflexión a 1890. En Hispanoamérica no comienza a darse hasta los años que van de 1893 a 1898. Y España, por último, tiene que esperar más o menos a ese mismo año del 98[2].

Dicho esto, y retomando el título propuesto para este trabajo, se podrá imaginar que la «poesía portuguesa» a la que hace referencia no es otra que la exclusivamente modernista –siempre según la nomenclatura hispánica–, quedando excluidos del mismo aquellos autores de tendencia posromática o realista más o menos consagrados como Antero de Quental, João de Deus o Guerra Junqueiro. Por mucho que éstos fueran los portugueses más conocidos y leídos en la España del último tercio del XIX, su aportación a la modernidad resultaba ya irrelevante, al igual que ocurría con nuestros Campoamor, Núñez de Arce o Manuel del Palacio, todos ellos de aquilatada presencia en las mismas revistas y diarios de corte generalista. No queda más que pasar a analizar, a grandes trazos, la presencia en la prensa española de los parnasianos y luego de los decadentes y simbolistas portugueses, encuadrándolos en los dos marcos de referencia cronológica y estética del modernismo a los que me acabo de referir.

2. Poetas portugueses en la prensa española del alto modernismo (parnasianismo)

Resulta francamente complicado hablar de poetas parnasianos en Portugal, o en el propio mundo hispánico, si se toma como modelo la ortodoxia de la escuela parnasiana francesa en la cual se inspiraron. Fuera de

---

2   Ya he expuesto y justificado ampliamente esta teoría del modernismo poético en varios ensayos anteriores. Véase Feria, M. A. (2015): «Parnasianismo y simbolismo en la encrucijada de la modernidad: hacia una revisión general de sus vínculos», en *Thélème*, vol 30, núm. 2, 203–221; Feria, M. A. (2017): «Enrique Gómez Carrillo y el cisma poético del modernismo hispánico», en *Letral*, vol. 19, 83–97; o Feria, M. A. (2016): *Antología de la poesía parnasiana*. Madrid: Cátedra.

Francia, apenas hubo escritores que adoptaran los preceptos de la misma y fueran consecuentes con ellos de principio a fin y en exclusividad. Sin embargo, ya el hecho de introducir dichos preceptos en un sistema literario ajeno significó un primer propósito de modernidad que debe valorarse en su justa medida.

Estos ilustres iniciadores son aquellos que Eugénio de Castro, en el prólogo de *Oaristos*, señala como las «duas ou tres luminosas excepções» en el seno de la anquilosada lírica portuguesa que le precedía (Castro, 1890: 5). De manera análoga, en el ensayo, escrito en francés, que abre el primer número de su revista *Arte* (1895), y titulado de forma muy gráfica «La jeune littérature portugaise», el codirector de la misma, Manoel Da Silva-Gayo, apuntaba que la poesía moderna en Portugal nació alrededor de 1880, y entre los poetas que precedieron a Castro señala a algunos como Antonio Feijó, «le premier représentant du parnasianisme» en su país (Silva-Gayo, 1895: 3). El mismo año de *Oaristos* (1890), Feijó dio a la imprenta *Cancioneiro Chinez*, basado en *Le Livre de Jade* (1867) de Judith Gautier, quien fuese hija predilecta del fundador de la poética parnasiana, Théophile Gautier. Desgraciadamente, los primeros ensayos de parnasianismo en Portugal apenas trascendieron las páginas de la revista *A Folha*, fundada en Coimbra en 1868, y subtitulada, quizá asumiendo, presumiendo o vaticinando su destino, *Microcosmo Literário*. Tan raros fueron estos primeros parnasianos que ni siquiera Rubén Darío los citó de pasada entre *Los Raros* cuando analizó la poesía portuguesa del XIX a propósito de Eugénio de Castro.

Sea como fuere, la nómina de parnasianos en Portugal debe abrirse con João Penha (1838–1919), fundador de *A Folha*, hoy prácticamente olvidado. Autor de *Rimas* (1882), *Viagem por Terra ao País dos Sonhos* (1898), *Novas Rimas* (1905) o *Ecos do Passado* (1914), tampoco en su momento gozó de gran popularidad, de ahí que no sorprenda en absoluto el hecho de que en España se le desconozca por completo. Poeta muy influido por Théophile Gautier, si hubiera que buscarle un equivalente español habría que pensar en el cordobés Manuel Reina, introductor de Gautier en España y puente indispensable entre el posromanticismo y el modernismo. Apenas he conseguido localizar dos menciones a Penha, muy marginales, en la prensa española del periodo: la primera data de 1873 y apareció en el diario *La Discusión*, en una columna dedicada a «La juventud portuguesa» organizada alrededor de *A Folha*. Su autor, R. Pinilla, sitúa al parnasiano entre la «brillante pléyade de jóvenes estudiosos (...) que vaticina las glorias del porvenir» (Pinilla, 1873: 2). La segunda, ya de 1902, vio la luz en la *Revista crítica de historia y literatura españolas, portuguesas e hispanoamericanas* de Rafael Altamira y Crevea. «R. A.» –se entiende que el propio director de la revista–, reseñando un homenaje que *A Chronica* de Lisboa le rindió a Penha por aquellos días, desglosa los nombres de algunos de los participantes «como el italiano Padula, el sueco Pjorkmann y el que firma estas notas» (Altamira, 1902: 242).

Situado también bajo el signo de Gautier, uno de los primeros seguidores de Penha y colaborador asiduo de su revista fue António Gonçalves Crespo (1846–1883), cuya recepción en España no fue mucho mayor. Autor de *Miniaturas* (1870) y *Nocturnos* (1882), su nombre aparece de pasada, en 1875, en la *Revista histórica latina* dentro de la sección anónima «Crónica general», y sólo a propósito de la recensión de algunas publicaciones portuguesas como *Revista occidental*. La segunda mención localizada presenta mayor calado, pues nada menos que Juan Valera lo cita en una reseña a *Portugal contemporáneo* de Rafael de Labra, publicada en *La España moderna*. Allí, Valera lamenta que Labra, al tratar de la novísima literatura portuguesa, haya dejado de citar a «autores de mérito» como Gonçalves Crespo, con lo cual queda patente el respeto que le tenía el autor de *Pepita Jiménez* desde que leyese sus obras siendo embajador español en Portugal en 1883 (Valera, 1890: 12). Por otro lado, y a diferencia de Penha, contamos al menos con una traducción al español de una pieza de Gonçalves Crespo, «La venta de los bueyes», versión anónima y prosificada publicada en el periódico clandestino *El Porvenir del obrero* en 1901.

El precitado António Feijó (1859–1917) dio a la imprenta, más allá del *Cancioneiro Chinez*, una serie de poemarios como *Transfigurações* (1882), *Líricas e Bucólicas* (1884) o *Ilha dos Amores* (1897) que servirían de engarce entre el parnasianismo y el decadentismo en Portugal. De todos los primeros parnasianos portugueses, fue el único al que se le dedicó en España un estudio monográfico, con retrato incluido, publicado en *El País* en 1890. Entre otros halagos, allí se le considera uno de los más grandes nombres de la nueva poesía portuguesa, distinguido por «la melancólica dulzura de sus cantos, la serenidad de su inspiración y la riqueza de sentimiento, no menos que por el dominio de la forma, de una corrección escultural insuperable» (Anónimo, 1890: 1). Pese a ello, la única traducción de Feijó que he podido encontrar en nuestra prensa no consiste precisamente en una versión al español, sino al esperanto, y apareció tardíamente, en 1917, en la revista *Hispana Esperantisto*.

Junto a los anteriores, hubo otros poetas cuyo parnasianismo se aleja del modelo de Gautier o José-Maria de Heredia para adoptar los tonos urbanos y sentimentales de Sully-Proudhomme y sobre todo del François Coppée de *Poèmes modernes*, el parnasiano francés más leído e imitado en la península ibérica durante el último tercio del XIX. De este grupo hay que destacar a António Gomes Leal (1848–1921) y a Cesário Verde (1855–1886). El caso de Verde no requiere demasiados comentarios: muerto joven, a los 31 años, fue su amigo Silva Pinto quien en 1887 se encargó de recopilar su poesía en *O Livro de Cesário Verde*, obra que apenas fue divulgada en Portugal hasta 1901. Su presencia en España durante el primer modernismo ha de ser, por razones obvias, nula. Hasta donde he podido indagar, sólo se le menciona una vez en toda la prensa española de este período, y de forma ya póstuma. Lo hizo la revista catalana *L´Avens* (1889) en su sección «Bibliográfich», dando cuenta de la publicación de los *Viagens de Coelho de Carvalho*, una serie de cartas «destinadas á Cesário Verde em 1884» (Anónimo, 1889: 15).

Gomes Leal, por su parte, sí gozó de gran popularidad en Portugal y tuvo bastante eco en nuestras letras, gracias, en igual medida, a su carrera literaria como al anecdotario de su extravagante trayectoria biográfica. Encarnación del poeta bohemio y maldito, autor de una polémica obra satírica y panfletaria, lo mejor de su poesía, a mitad de camino entre el canto cívico de aliento hugoliano y un parnasianismo tras las huellas de Gautier y Catulle Mendès, quedó recogido en *Claridades do Sul* (1875), un libro en el que además citó e imitó en algunas piezas a Baudelaire, quizás por primera vez en su país. La primera mención a Gomes Leal que he localizado en España vio la luz en *La Academia: revista de cultura hispano-portuguesa y latino-Americana*, en 1878, y es de signo negativo. Se trata de una reseña a la antología de Teófilo Braga *Parnaso portugués moderno*, y el autor de la misma, Manuel de la Revilla, predica contra el «furioso espíritu revolucionario» de estos «cantores de la nueva idea» que conforman el nuevo Parnaso portugués, jóvenes víctimas, y Gomes Leal entre ellas, de «todas las exageraciones, todos los furores de la demagogia socialista» (Revilla, 1878: 310). Pero el momento álgido de su fama en

España llegaría en el verano de 1881, y por cuestiones extraliterarias. En sus «Crónicas de Portugal», varios periódicos como *El Demócrata* y *El Fígaro* seguían de cerca las lecturas públicas que Gomes Leal llevaba a cabo en el Centro Electoral Republicano de Lisboa, aprovechando además para salir en defensa del poeta frente a los ataques que recibía por parte de los medios monárquicos. Inmediatamente Gomes Leal será condenado y encarcelado a raíz de la publicación del libelo radical *A Traição*, hecho que levantará una polvareda considerable entre las redacciones de los periódicos madrileños, tanto aquellos de talante conservador como *El Pabellón Nacional, La Iberia* o *La Época*, como los republicanos *El Demócrata* o *El Fígaro*[3]. Con el cambio de siglo, Gomes Leal sería reconocido en España como uno de los mayores poetas portugueses y un puente entre dos épocas: así lo demuestran sus traducciones y la opinión de autores como Villaespesa, que en 1908 aún veía en él, no sin cierta exageración, al «preferido de la juventud y el más genial de todos» (apud. Nervo, 1928: 12)[4].

A excepción de Gomes Leal, la escasa recepción en España de los parnasianos portugueses se explica, en primer lugar, por la poca difusión que

---

3   Puede rastrearse dicha controversia a través de los siguientes documentos –y enumero solamente los de mayor pertinencia-: Anónimo (1881), «Crónicas de Portugal», *El Demócrata*, Año III, núm. 434; Anónimo (1881), «Crónica exterior», *El Demócrata*, Año III, núm. 510; Anónimo (1881). «Crónica exterior», *El Demócrata*, Año III, núm. 512; Anónimo (1881). «Extranjero», *El Fígaro*, Año III, núm. 474; Anónimo, «Cartas de Portugal», *La Época*, Año XXXIII, núm. 10432; Anónimo (1881), «Noticias generales», *El Pabellón Nacional*, Año XII, núm. 2829; Anónimo (1881), «Correspondencia de Lisboa», *La Iberia*, Año XXVIII, núm. 7612; Anónimo (1881). «Cartas de Portugal», *La Época*, Año XXXIII, núm. 10442; Anónimo (1881). «Extranjero», *El Fígaro*, Año III, núm. 514; Anónimo (1881), «Revista extranjera», *El Pabellón Nacional*, Año XII, núm. 2859.

4   Mientras no aparezcan nuevos documentos que lo incrementen, el catálogo de las traducciones de Gomes Leal al español se abre con el poema «Venus Yerta», publicado en *El Nuevo Mercurio* (1907), vol. V, 502. E. Díez-Canedo incluyó versiones del poeta en *Imágenes* (1910) y *Pequeña antología de poetas portugueses* (1909–1911). Gomes Leal también contó con el privilegio de que se le dedicase un volumen monográfico de la popular colección *Las mejores poesías (líricas) de los mejores poetas* (1916–1932), y que varios poemas suyos formaran parte de *Las cien mejores poesías líricas de la lengua portuguesa* (1918) de Fernando Maristany.

tuvieron en su propio país. Tampoco cabe duda de que, frente a ellos, eran las figuras mayores del realismo y el posromanticismo las que se adecuaban mejor al sistema literario de nuestra Restauración. Además, las relaciones literarias hispanolusas eran por entonces menos fluidas que durante el segundo modernismo, cuando realmente comenzará su edad de oro. Y por último, hay que tener en cuenta la menor internacionalización y la absoluta preeminencia de los modelos franceses durante el primer modernismo, tanto en España como en Portugal. En este sentido, puede traerse a colación una crónica anónima sobre «Escritores portugueses» que apareció en *La Ilustración Ibérica* en 1891. Su autor, bien castizo, reprobaba que Portugal, en literatura, estuviese dominado por Francia, y que al recorrer las calles de Lisboa diese tan «honda pena» el «ver los escaparates de sus librerías llenos de libros franceses y huérfanos de obras españolas» (Anónimo, 1891: 146). ¿Qué pensaría este mismo autor de la cantidad de antologías de poesía portuguesa publicadas en casi todas las lenguas europeas salvo la española? Libros que nuestra prensa, siempre a rebufo, no tardaba en comentar. Sólo entre 1893 y 1906 he podido leer reseñas a dos antologías francesas, una italiana, una catalana e incluso una sueca, cuando aún no había aparecido ninguna española...[5]

3. Poetas portugueses en la prensa española del bajo modernismo (decadentismo-simbolismo)

Sin duda, todo lo apuntado hasta aquí contrasta con la situación vivida durante el segundo modernismo, la cual ha merecido, lógicamente, la atenta observación de la crítica. Tomando como punto de partida la calidad y la mayor novedad de sus representantes, esta fase está marcada por la indiscutible figura de Eugénio de Castro (1869–1944), de cuya presencia en España se ha encargado en varios lugares Antonio Sáez (2004 y 2008). Como se sabe, Castro llega a España fundamentalmente a través de Enrique Gómez Carrillo y sobre todo de Rubén Darío, que en 1896 le dedica un

---

5   Me refiero a títulos como *Ekon från Portugals parnass* de Göran Björkman (1899), *Mazzolino di poesie portoghesi e sivigliane* de P. Peragallo (1900), *Le Portugal littéraire d'aujourd'hui* de Philéas Lebesgue (1904*)* o *Poesia y prosa originals y traduccions del portugués*, de Ignasi de L. Ribera y Rovira 1906).

capítulo de *Los Raros*. Darío tradujo además alguna pieza de Castro para la *Revista Nacional de Literatura y Ciencias Sociales* de Montevideo, y acabó imitando su versolibrismo decadente en «El reino interior», última sección de *Prosas profanas*, dedicada precisamente al portugués. Por mi cuenta, he localizado en la prensa española una única mención a Castro antes de esta eclosión rubendariana, aunque de escasa importancia: poco más que un anuncio anónimo a propósito de la publicación de *Sylva* en la *Revista crítica de historia y literatura españolas* de 1895. Por contra, sólo un año después de *Los Raros* ya tenemos dos de las primeras incursiones españolas del poeta en revistas fundacionales como *Germinal* y *La vida literaria*. En apenas un lustro, ya no habrá publicación periódica española que no incluya una traducción, una reseña o un estudio sobre la literatura del poeta portugués, desde *Helios* a *Renacimiento* pasando por *Vida intelectual* o *El Nuevo Mercurio*, hasta llegar incluso a las revistas del ultraísmo, en las que aún era un escritor respetado. De Castro se ocuparon los críticos de mayor peso en este periodo, Enrique Díez-Canedo y Andrés González-Blanco. Su influencia en la poesía española, más allá del primer Francisco Villaespesa, fue, sin embargo, de poco alcance. Sobre todo si se compara con la huella que dejó en muchos poetas hispanoamericanos como Leopoldo Díaz o Luis Berisso en Argentina, el boliviano Jaymes Freire o Martín Goycoechea en Paraguay.

Después de Castro, los otros dos grandes simbolistas portugueses, António Nobre (1867–1900) y Camilo Pessanha (1867–1926) tuvieron una acogida desigual. La de Pessanha, casi inexistente, se explica por la tardía divulgación de su obra en Portugal. Sólo tras la publicación de *Clepsidra* se habló de él en una reseña de la revista *Cosmópolis*, firmada por Carmen de Burgos, «Colombine»: «Pessanha es como si un chino escribiese en su idioma, está psicológicamente preparado para interpretar el pensamiento simbólico y la idea velada y superior de la poesía china» (1920: 452). El caso de António Nobre es opuesto, ya que fue un autor consagrado en su país gracias a su único libro, *Só*, de 1892. Nobre contó en España con admiradores como Julio Navarro Monzó, de la Asociación Integrista de Madrid, que cantaba sus alabanzas en periódicos como *El siglo futuro* desde 1903; con Díez-Canedo, que lo tradujo en *Imágenes* y *Pequeña antología de poetas portugueses*; y sobre todo con ese fabuloso altavoz que fue Villaespesa, que se ocupó de él en varias de sus revistas y lo declaró siempre uno de sus maestros predilectos (vid. Montalvo, 1916: 174–184; Martín-Granizo, 1917: 185–190). Nobre contó incluso con un poco avisado Prudencio Canitrot, que en *Nuevo mundo* lo incluía entre la «juventud briosa» y más reciente... una década después de su fallecimiento (Canitrot, 1910: 12).

Finalmente, hay que aludir a aquella pléyade de simbolistas menores a los que Villaespesa trató personalmente y fue dando a conocer, desde 1901, en sus revistas de ideales panlatinos como *Electra*, *Revista Ibérica*, *Renacimiento Latino* o *Revista Latina*, bien estudiadas y editadas por Marlene Gottlieb (1995). Unos más recordados que otros, son los Mayer Garçao, Silvio Rebello, Thomas da Fonseca, Afonso Lopes Vieira o Alberto Osório de Castro, quien tuvo además el privilegio de que Rubén Darío reseñase su libro *A Cinza dos myrtos* en 1906. Con ellos confluyó finalmente la corriente saudosista de Teixeira de Pascoaes, el segundo escritor moderno, tras Eugénio de Castro, que mayor repercusión tuvo en nuestras letras durante la primera mitad del XX, gracias fundamentalmente a autores de la categoría de Unamuno o Fernando Maristany (vid. Sáez, 2008: 41 y ss.). Toda esta última generación de poetas contribuyó, casi al mismo nivel que Paul Verlaine, a la revelación de un simbolismo más puro, asordinado y crepuscular, cuyo subjetivismo neorromático armonizaba con la poesía esencialista de los Machado, Juan Ramón Jiménez o Pérez de Ayala. Es decir, con la poesía menos modernista de la modernidad, la más eterna.

Bibliografía

ALTAMIRA, R. (1902). «Movimiento Bibliográfico. Homenagem da Chronica ao insigne poeta Joao Penha». *Revista crítica de historia y literatura españolas, portuguesas e hispanoamericanas*, Año VII, núm. 6, 242.

ANÓNIMO. (1875). «Crónica general», *Revista Histórica Latina*, Año II, núm. 1875, 4.

ANÓNIMO (1881). «Crónicas de Portugal», *El Demócrata*, Año III, núm. 434, 2.

ANÓNIMO (1881), «Crónica exterior», *El Demócrata*, Año III, núm. 510, 3.

ANÓNIMO (1881). «Crónica exterior», *El Demócrata*, Año III, núm. 512, 3.

ANÓNIMO (1881). «Extranjero», *El Fígaro*, Año III, núm. 474, 2–3.

ANÓNIMO (1881). «Cartas de Portugal», *La Época*, Año XXXIII, núm. 10432, 1–2.

Anónimo (1881), «Noticias generales», *El Pabellón Nacional*, Año XII, núm. 2829, 3.

Anónimo (1881). «Correspondencia de Lisboa», *La Iberia*, Año XXVIII, núm. 7612, 2.

Anónimo (1881). «Cartas de Portugal», *La Época*, Año XXXIII, núm. 10442, 1-2.

Anónimo (1881). «Extranjero», *El Fígaro*, Año III, núm. 514, 2.

Anónimo (1881), «Revista extranjera», *El Pabellón Nacional*, Año XII, núm. 2859, 3.

Anónimo (1889). «Bibliográfich», *L´Avens*, 2ª época, Any I, núm. 12, 15.

Anónimo (1890). «Álbum de El País. Antonio Feijó», *El País*, Año IV, núm. 1080, 1.

Anónimo (1891). «Escritores portugueses»; en *La Ilustración Ibérica*, Año IX, núm. 427, 146.

Anónimo (1895). «La literatura portuguesa en 1894», *Revista crítica de historia y literatura españolas*, Año I, núm. 5, 159-160.

Canitrot, P. (1910). «Literatura portuguesa», *Nuevo Mundo*, Año XVII, núm. 879, 12.

Castro, E. de (1890). *Oaristos*. Coimbra: Livraria Portuguesa e Estrangeira.

«Colombine» (Burgos, C. de) (1920). «Crónica literaria de Portugal. Poetas modernos», *Cosmópolis*, núm. 23, 450-459.

Díez-Canedo, E. (s. f., pero 1910). *Imágenes*. Madrid: Librería Paul Ollendorff.

Díez-Canedo, E. (s. f., pero 1909-1911). *Pequeña antología de poetas portugueses*. París: s. e.

Feijó, A. (1882). *Transfigurações*. Coimbra: J.D. Pires.

Feijó, A. (1884). *Líricas e Bucólicas*. Porto: Magalhães e Moniz.

Feijó, A. (1890). *Cancioneiro Chinez*. Porto: Magalhães & Moniz, Editores.

Feijó, A. (1897). *Ilha dos Amores*. Lisboa: M. Gomes.

Feijó, A. (1917). «La kamparo de l´ekzilejo», *Hispana Esperantisto*, Año I, núm. 8, 7.

FERIA, M. A. (2015). «Parnasianismo y simbolismo en la encrucijada de la modernidad: hacia una revisión general de sus vínculos», *Thélème*, vol. 30, núm. 2, 203–221.

FERIA, M. A. (2016). *Antología de la poesía parnasiana*. Madrid: Cátedra.

FERIA, M. A. (2017). «Enrique Gómez Carrillo y el cisma poético del modernismo hispánico», *Letral*, vol. 19, 83–97.

GOMES LEAL, A. (1907). «Venus Yerta», *El Nuevo Mercurio*, núm. V, 502.

GOMES LEAL, A. (s. f., pero 1916–1932). *Las mejores poesías (líricas) de los mejores poetas*. Madrid: Cervantes.

GONÇALVES CRESPO, A. (1871). *Miniaturas*. Coimbra: Imprensa da Universidade.

GONÇALVES CRESPO, A. (1882). *Nocturnos*. Lisboa: Avelino Fernandes & Co., editores.

GONÇALVES CRESPO, A. (1901) «La venta de los bueyes», *El Porvenir del obrero*, núm. 75, 3.

GOTTLIEB, M. (ed.) (1995). *Las revistas modernistas de Francisco Villaespesa*. Granada, Ediciones Anel.

MARISTANY, F. (1918). *Las cien mejores poesías (líricas) de la lengua portuguesa*. Madrid: Cervantes.

MARTÍN-GRANIZO, L. (1917). «Literatura portuguesa. El momento actual», *Cervantes*, Año II, núm. 9, 185–190.

MONTALVO, J. de (1916). «Letras portuguesas. Antonio Nobre». *Cervantes*, Año I, núm. 5, 174–184.

NAVARRO MONZÓ, J. (1903). «Discurso leído en la Asociación Integrista de Madrid», *El Siglo futuro*, Año XXIX, núm. 8687, 2.

NERVO, A. (1928). «Del florecimiento de la poesía lírica en Italia, Portugal y España», en *Obras completas. La lengua y la literatura (primera parte)*, vol. XXII, Madrid: Biblioteca Nueva, 11–19.

NOBRE, A. (1892). *Só*. París: Léon Vanier, Editéur.

PENHA, J. (1882). *Rimas*. Lisboa: Avelino Fernandes & Co., Editores.

PENHA, J. (1898). *Viagem por Terra ao País dos Sonhos*. Porto: Livraria Chardron.

PENHA, J. (1905). *Novas Rimas*. Coimbra: França Amado.

PENHA, J. (1914). *Ecos do Passado*. Porto: Companhia Portuguesa Editora.

PESSANHA, C. (1920). *Clepsydra*. Lisboa: Lusitânia.

PINILLA, R. (1873). «La juventud portuguesa», *La Discusión*, Año XVIII, núm. 1.354, 2.

REVILLA, M. (1878). «La poesía portuguesa contemporánea», *La Academia: revista de cultura hispano portuguesa, latino-Americana*. Tomo III, núm. 20, 307–311.

SÁEZ DELGADO, A. (2004). *Eugenio de Castro y la cultura hispánica: Epistolario (1877–1943)*. Santiago de Compostela: Universidade de Santiago de Compostela.

SÁEZ DELGADO, A. (2008). *Espíritus contemporáneos: relaciones literarias luso-españolas entre el modernismo y la vanguardia*. Sevilla: Renacimiento.

SÁNCHEZ TRIGUEROS, A. (1980). «Escritores portugueses en revistas modernistas españolas», en *Homenaje a Camoens*, Universidad de Granada, 371–380.

SILVA-GAYO, M. da (1895). «La jeune littérature portugaise», en *Arte. Revista Internacional*, vol. 1, 1–9.

VALERA, J. (1890). «Portugal contemporáneo. Consideraciones acerca del libro de este título publicado por Don Rafael M. de Labra», *La España Moderna*, Año II, núm. 14, 5–16.

VERDE, C. (1887). *O Livro de Césario Verde*. Lisboa: Typograhia Elzeviriana.

Antonio Rivero Machina

Asociación de Investigación y Crítica sobre Literatura Española

La revista *Vértice* y la recepción de la joven poesía española en Portugal durante el Mediosiglo

Resumen: Durante las décadas centrales del siglo XX Portugal y España estaban sometidas a sendas dictaduras, la salazarista y la franquista, lo cual repercutía directamente en la capacidad de acción de sus medios intelectuales. Los contactos entre los escritores portugueses y españoles perdieron durante los años cuarenta y cincuenta la intensidad conocida durante las décadas precedentes, limitándose apenas a una serie de contactos mediatizados por los respectivos gobiernos o a la reivindicación por parte de la oposición antisalazarista de poetas victimizados por la contienda como García Lorca o Antonio Machado. No será hasta los sesenta cuando comiencen a aflorar proyectos de recepción verdaderamente ambiciosos, antologías o revistas literarias abiertamente interesadas por la dimensión ibérica. No obstante, durante los años de posguerra pueden rastrearse una serie de contactos si bien muy escasos tremendamente trascendentes. Es el caso de la labor desempeñada por la revista *Vértice*, fundada en Coímbra en 1942 y estrechamente ligada a los círculos opositores de la dictadura. Volcada también en la recepción de las novedades literarias europeas y americanas, *Vértice* tendió su mirada hacia las novedades literarias del país vecino y en ella fue posible propiciar episodios de recepción muy precoces entre los principales autores de la Generación española del Mediosiglo, tales como Ángela Figuera, Claudio Rodríguez o Jesús López Pacheco. Casos de recepción que, como pretende analizar este trabajo, revelan a menudo una incipiente y significativa sincronización entre los círculos literarios portugueses y españoles no sólo en el plano estético, sino también en el ético y el político.

Palabras clave: Revista *Vértice*, Generación del Mediosiglo, Claudio Rodríguez, Julián Marcos, Jesús López Pacheco, Diálogo ibérico, Recepción de la literatura española en Portugal.

1. El diálogo ibérico durante la posguerra: un (re)conocimiento en (re)construcción

Las confluencias entre España y Portugal desde el ámbito de la creación literaria a lo largo del siglo XX estuvieron marcadas por numerosos aunque menudos episodios de colaboración. Es cierto que hasta los años sesenta no hubo grandes proyectos comunes, ni antologías poéticas de amplia difusión, ni editoriales, ni revistas ni plataformas orientadas hacia el diálogo peninsular como sí existieron en las últimas cuatro décadas de la centuria[1]. No obstante, y precisamente por ello, cada testimonio de recepción, de difusión y colaboración poética a uno y otro lado de la Raya durante las dos largas décadas que irían desde el afianzamiento de la dictadura franquista en 1939 hasta los primeros años sesenta supusieron un importante hito en la habilitación y supervivencia de un camino, el del diálogo literario ibérico, intensamente transitado durante los primeros treinta años del Novecientos (Sáez Delgado, 2008).

Uno de estos hitos, quizás el más destacable desde el lado portugués, es el testimonio de continuidad ofrecido por la dinámica y excepcional revista conimbriguense *Vértice*, plataforma de recepción de algunos de los poetas más trascendentes de la nueva poesía española en aquellos años de posguerra y autarquía. Un caso señero, en este sentido, puede ser el del poeta zamorano Claudio Rodríguez (nº 146, noviembre de 1955), tanto por el calado de su obra como por la precocidad de su recepción en la revista *Vértice* y los círculos literarios de la capital del Mondego. Un nombre que venía a sumarse a otros revelados también por *Vértice* en las mismas fechas, tales como el de la poeta Ángela Figuera (nº 113, enero de 1953) o el propio Vicente Aleixandre (nº 115, marzo de 1953)[2], entre otros. Testimonios, en

---

1   Recuérdese, en este sentido, la publicación a comienzos de los sesenta de la excepcional *Antología de la Nueva Poesía Portuguesa* (Madrid, Rialp, 1961) preparada por Ángel Crespo para la colección Adonais, así como el extraordinario volumen preparado y traducido por Egito Gonçalves *Poesia espanhola do após-guerra* (Lisboa, Portugália, 1962). Sobre algunos proyectos antológicos anteriores, véase (Rivero Machina, 2018).

2   La colaboración del Nobel andaluz, titulada «La sombra de Teixeira de Pascoaes» (*Vértice*, nº 115, marzo de 1953, págs. 139–142) se enmarcaba en un especial en honor del recientemente fallecido Pascoaes, correspondiente unamuniano en la labor simbólica de encarnar aquellos tiempos de iberismo.

todo caso, de una exploración tímida pero certera de las últimas novedades líricas en la España del interior.

2. España en la revista *Vértice*: una presencia creciente, un diálogo incipiente

Fundada en la localidad universitaria portuguesa por antonomasia, Coímbra, en 1942, la revista *Vértice* se convirtió muy pronto en una de las tribunas culturales de Portugal más dinámicas e interesantes del siglo XX. *Vértice* ha conocido hasta hoy distintas etapas, con algunos periodos de silencio pero publicándose de manera ininterrumpida hasta el año de 1986 (Andrade, 1987). Su trascendencia en ciertas etapas de la literatura portuguesa contemporánea puede ser comparada, mirando en el reflejo ibérico, con la española *Ínsula*, fundada en Madrid cuatro después que *Vértice*. Al igual que esta, *Vértice* fue una revista preocupada por la actualidad literaria de su país y fue una bocanada de aire fresco entre los medios intelectuales del salazarismo. Durante los años cuarenta y cincuenta, particularmente, sirvió de altavoz para los jóvenes poetas neorrealistas, así como para otras firmas emergentes (Ramond, 2008).

Igualmente, al mismo tiempo que daba cuenta de una pujante renovación interna, *Vértice* presentó siempre –al igual que la madrileña *Ínsula*– una marcada vocación por atender a las novedades venidas del extranjero, tanto europeas como americanas. En esta vocación se enmarcaría, pues, la mirada hacia el país vecino, una España con la que era fácil establecer paralelismos evidentes tanto por el momento estético como por el trasfondo político. No en vano, dentro de su afán por informar sobre las novedades literarias del exterior, España y los autores españoles contemporáneos han estado presentes en no pocos números de *Vértice* a lo largo de toda su existencia. En sus primeros años, como venía sucediendo en otras cabeceras literarias portuguesas del periodo como *O Diabo*, *Seara Nova*, *Manifesto* y *Mundo Literário* el interés hacia la actualidad literaria española era canalizado de manera casi unívoca hacia los grandes autores caídos durante o inmediatamente después de la Guerra Civil española: Federico García Lorca y Antonio Machado, sobre todo, además de Miguel de Unamuno y Miguel Hernández, ocasionalmente. A don Antonio, por ejemplo, lo homenajea el poeta José Terra en un poema recogido en un número triple de *Vértice* (n° 99–101, noviembre de 1951-enero de 1952, pág. 634). Sin embargo, si hubo un poeta español presente en los primeros diez años de *Vértice* –y en general en los medios literarios portugueses– ese fue, sin duda, Federico García Lorca. Sin ir más lejos, en septiembre de 1947 (n° 50) el poeta mozambiqueño António de Navarro publicaba un conjunto de tres poemas a la muerte de Federico: «Romance da lua do poeta», «O funeral» y «Eternidade viva» que venían a sumarse a un extenso corpus de homenajes lorquianos editados en Portugal desde diversos poemarios y revistas debidos a firmas de la trascendencia de Miguel Torga, Eugénio de Andrade o Sophia de Mello Breyner, entre otros (Rivero Machina, 2016: 796–807). No en vano, el poeta neorrealista Joaquim Namorado, unos cuatro años después de publicar su ensayo y antología *Vida e obra de Federico Garcia Lorca* (Coímbra, Saber, 1943), publicaba en *Vértice* un artículo titulado «Poesia e floclore» sobre el autor del *Romancero gitano* (n° 48, julio de 1947, págs. 202–207) donde se ofrecía un perfil netamente social –por no decir socialista– del escritor andaluz. En este sentido, todo aquel número de *Vértice* constituyó un declarado homenaje al inmortal autor granadino, ya que al artículo de Namorado se sumaron la reproducción del célebre «Romance de la Guardia Civil Española» acompañado de una gran fotografía de su autor y un dibujo del propio García Lorca (n° 48, julio de 1947, págs. 188–192), un artículo de Manuel Vale titulado «O "espírito da terra" no teatro dramático de Lorca» (págs. 193–201), más dibujos del granadino (págs. 201 y 207) y la partitura de «En el Café de Chinitas».

A estos homenajes, lecturas y notas diversas, *Vértice* sumó sin embargo –de manera mucho más notoria que otras publicaciones coetáneas en Portugal– una apuesta decidida por la búsqueda de novísimos valores literarios españoles. Si los cuarenta habían sido los años para reivindicar a García Lorca y Antonio Machado, fundamentalmente[3], en los cincuenta

---

3   La reivindicación de Miguel de Unamuno en esos años, con ser muy significativa, fue una empresa particular –aunque no completamente exclusiva– del escritor trasmontano Miguel Torga, que siguió con mucho interés la aproximación y posterior rechazo del autor de *Niebla* hacia el alzamiento franquista. Véase, en este sentido, la rendida declaración de admiración tras su muerte publicada por Torga en su revista *Manifesto*: «Como homens peninsulares dói-nos a dor de perdermos Unamuno um dos maiores génios da terra. Quem escreveu o Cristo

ya empezaba a sentirse como necesaria una mirada más allá del mito martirial lorquiano en lo que al conocimiento que en Portugal se tenía sobre la actualidad poética del país vecino se refería. Así lo había demandado el propio Eugénio de Andrade –responsable a la sazón de la traducción de una icónica antología del genio de Fuente Vaqueros publicada en 1946–[4] desde las páginas de *O Comércio do Porto* en su elocuentísimo artículo de 1952 «A propósito da lírica espanhola contemporânea»[5]. *Vértice* fue, sin embargo, uno de los pocos medios culturales que tomó conciencia de esta necesidad y comenzó a interesarse por la obra de nuevos poetas españoles emergentes.

Uno de esos autores fue la poeta y lusitanista gallega Pilar Vázquez Cuesta, célebre entre otras cosas por ser la traductora de parte de los emblemáticos *Poemas ibéricos* de Miguel Torga para *Espadaña* (nº 43, noviembre-diciembre de 1949)[6]. De ella se ofrece en *Vértice* una nota y dos poemas

---

de Velázquez, os Comentários ao Quixote e o Sentimento Trágico da Vida, é grande como Velazquez, como Cervantes e como a Vida» («Via pública», *Manifesto*, nº 4, julio de 1937, pág. 2).

4   En *Garcia Lorca. Antologia poética* (Coímbra, Coimbra editora, 1946) se reunieron un célebre poema en homenaje al granadino de Miguel Torga (págs. 9–10), un estudio preliminar de la filóloga francesa Andrée Crabbé Rocha (págs. 13–26) –esposa del propio Torga, por cierto– y la selección de veinticinco poemas lorquianos elegidos y traducidos para esta magnífica edición bilingüe por el mismo Eugénio de Andrade.

5   «Federico converteu-se num símbolo, ameaçando pôr na sombra mesmo aqueles poetas sem os quais a sua poesia não teria sido o que foi –Antonio Machado e Juan Ramón Jiménez, para só citar dois grandes nomes da geração de 98. Mas não foram apenas Machado e Jiménez e Unamuno que passaram inglóriamente para segundo plano; de um momento para o outro, um público apaixonado projectou no cosmos a obra do genial andaluz, esquecendo os seus companheiros de viagem, grandes poetas todos eles e de timbres tão diferenciados!» (Eugénio de Andrade, «A propósito da lírica espanhola contemporânea», *O Comércio do Porto*, 9 de diciembre de 1952).

6   El papel desempeñado por Vázquez Cuesta es sin duda destacadísimo en el diálogo poético peninsular del Mediosiglo. A ella se debe una parte fundamental de la recepción de la obra narrativa y poética de Miguel Torga en España, con traducciones para la revista alicantina *Verbo* –donde publicó su versión del cuento «El señor Estrella y su mujer» (nº 15, marzo-abril de 1949)– o la elaboración de una *Antología poética* (Madrid, Rialp, 1952) para la colección

originales bajo el rótulo de «Uma poetisa espanhola. Pilar Vasques Cuesta» (n° 104, abril de 1952, págs. 135–136). Los poemas elegidos, traducidos al portugués por «L. M. F.», son «Juventud», ya publicado en el número 44 de *Espadaña*, de donde se toma, y «Exhortación». Poco después, Vázquez Cuesta, probablemente satisfecha con aquella publicación de sus versos en Portugal, se encargó personalmente de llevar a las páginas de *Vértice* (n° 113, enero de 1953, págs. 11–13) los versos de otra poeta española excepcional: Ángela Figuera. A la publicación de los poemas «Éxodo» –de su recientísimo poemario *El grito inútil* (Alicante, Such y Serra, 1952)– y «Niño con rosas» –este último «inédito e enviado especialmente para *Vértice*» (pág. 12)–[7] se sumaba la nota de presentación firmada por las iniciales de Vázquez Cuesta –«P. V. C.»–, en la que se define a la bilbaína como «uma das figuras mais interesantes da moderna poesia femenina espanhola» (pág. 12).

El creciente interés por la actualidad literaria española había llevado, de hecho, a la creación, en julio de 1952, de una sección esporádica bajo el título general de «Nota espanhola». La primera de ellas estuvo firmada por las iniciales «M.S.R.» y dibujaba un panorama literario rico y descentralizado, lejos ya del juicio catastrofista al que buena parte de los portugueses no alineados con el salazarismo –entre los que se situarían mayoritariamente los lectores de *Vértice*– estaban acostumbrados tras el asesinato de García Lorca.

> Além da diversidade dos dialectos, da riqueza do folclore e das tradições, o espírito regional tem-se manifestado na produção literária, quer pela contribuição individual dos que trazendo do seu canto provinciano o sangue puro das renovações, alcançaram uma expressão universal (...). Mesmo a pesar das evoluções contemporáneas, Leon, Saragoça, Alicante, Valência (para citar dispersivamente ao acaso) são ciudades que hoje possuem ou possuiram a sua revista ou «tertúlia» de jovens, onde se revela a fisionomia dos seus anceios, desejos e tentativas. A "tertúlia" é uma forma de convívio literário tradicional em Espanha, que alguma

Adonáis. Ya en los ochenta publicaría una edición bilingüe y completa de los *Poemas ibéricos* (Madrid, Cultura Hispánica, 1984).
7 El poema «Niño con rosas» sería finalmente incluido en el poemario *Belleza cruel* (México, Compañía General de Ediciones, 1958). Antes de ello sería publicado en la revista malagueña *Caracola* (n° 16, diciembre de 1954).

coisa deixa sempre de produtivo –uma pequena editorial, uma revista, o sistema de "entregas", publicações distribuídas pelos assinantes (*Vértice*, nº 106, julio de 1952, págs. 315–316).

En el siguiente número de *Vértice* fue Rui Feijó –que venía de reseñar elogiosamente la reciente salida de *Alguns poemas ibéricos* en el número anterior (nº 106, págs. 320–322)– quien en «À volta de dois temas aparentemente contraditórios» (nº 107, julio de 1952, págs. 329–332) reflexionaba sobre la necesidad de un mayor contacto entre las letras españolas y portuguesas. En sus palabras podría resumirse el cambio de actitud adoptado por la prensa cultural lusa en el pasar del Mediosiglo.

> Tempos houve em que o intercâmbio cultural com a vizinha Espanha era grande, e continua a visita mútua de escritores e artistas. Para não recuarmos muito no tempo, bastará lembrar a amizade Unamuno-Pascoaes, as relações que o primeiro manteve com Junqueiro, Laranjeira, Raul Brandão, a fixação no nosso país de Pedro Blanco (...), a fixação em Madrid por um largo período de Leal da Câmara, as traduções de Ferreira de Castro em español e as de tantos escritores espanhóis na nossa língua. Pelo menos para os portugueses, Madrid disputava o lugar de Meca espiritual que Paris sempre ocupou (...) Sùbitamente tudo cessou depois da morte de Lorca. E se os escritores portugueses criados antes da Guerra Civil não desconhecem a literatura espanhola, raros serão os novos que dela conheçam poetas e escritores desde Quevedo a Juan Ramón Jimenez ou Alberti, desde Lope de Vega a Ramon Sender ou Arturo Barea, ou estejam a par da existencia do Teatro Crítico ou do notável esforço cultural da Revista de Occidente ou do Ateneu de Madrid. (...) O convívio com elas só pode ser fecundo, resultando numa melhor compreensão da nossa própria (Feijó, 1952: 329–331).

La «Nota espanhola», más allá, seguiría apareciendo en distintos números de *Vértice* a lo largo de esos meses, como la enviada desde Valencia por Vicente Orozco quejándose de la dificultad de los poetas noveles para publicar en las colecciones de prestigio (nº 109, septiembre de 1952, págs. 505–506) o la reproducción de una nota de Alberto Savoz tomada de la revista amiga *El sobre literario*, dirigida por Ricardo Orozco desde Valencia (nº 112, diciembre de 1952, págs. 693–694). *Vértice*, con ello, habría una línea nítida de interés por las novedades literarias, y particularmente poéticas, surgidas al otro lado de la Raya. Un interés por la nueva literatura española que, todavía en los años cincuenta, no era fácil de encontrar en otras cabeceras culturales del país luso.

3. Un ejemplo significativo: los tres poetas «universitarios espanhois»

Es en este contexto donde debemos situar, en definitiva, la precoz aparición de tres poetas pertenecientes ya a la Generación del Mediosiglo en Portugal. A finales de 1955 *Vértice* volvía a apostar por voces de rabiosa juventud con la publicación de «Três poetas universitarios espanhois» (nº 146, noviembre de 1955, págs. 630–632). Tales poetas eran Jesús López Pacheco, de quien se publicaba su «Soneto para el martillo»; Julián Marcos con «Poema de esperanza»; y un jovencísimo pero ya laureado Claudio Rodríguez con «Siempre la claridad», primer poema de su brillante poemario *Don de la ebriedad* (Madrid, Rialp, 1953). Les precedía una interesante nota introductoria sin firma, donde se saluda con alborozo la salida de aquellas nuevas voces líricas en el país hermano.

> Verificando-se actualmente um renascimento no interese da juventude do país vizinho pela poesia, achamos oportuno apresentar aos nossos leitores alguns frutos desse surto. Nesses poemas vamos achar um clima que, de certo modo, continua o da geração anterior a 1936, sendo visível neles algumas aproximações com as maiores figuras desse período, como Machado, Lorca, Hernández e Alberti (*Vértice*, nº 146, noviembre de 1955, pág. 630)

Los términos con los que se acompañan los poemas de Claudio Rodríguez, Jesús López Pacheco y Julián Marcos, filiándolos de manera nada casual con Machado, Alberti, García Lorca y Miguel Hernández, no podían ser, en suma, más reveladores. De los tres, López Pacheco es quien parece establecer una relación más fecunda con la cabecera de Coímbra, reapareciendo unos meses después en *Vértice* con la publicación de los poemas «Al poeta Machado» y «No es un poema» (nº 163, abril de 1957). Nacido en Madrid en 1930, entre 1941 y 1949 había estudiado bachillerato en el Instituto Cardenal Cisneros, teniendo como profesor de literatura nada menos que a Ernesto Giménez Caballero, uno de los lusófilos más activos entre la intelectualidad franquista más reaccionaria de Madrid. Será a inicios de los cincuenta cuando López Pacheco comenzará a revelar una prometedora actividad literaria y a forjar su propia voz. Tras su paso por la Facultad de Filosofía y Letras de la Universidad madrileña concluía una tesis consagrada a la poesía de Pedro Salinas, a la sazón exiliado de la Dictadura tras la guerra. En la edición de 1952, un año antes de la presentación de Claudio Rodríguez al concurso, López Pacheco obtiene el accésit del Premio Adonáis de Poesía por su primer libro de poemas, titulado *Dejad crecer este silencio* (Madrid, Rialp, 1953). A partir de ahí, y coincidiendo con el periodo de colaboración con *Vértice* en Portugal, López Pacheco despegará en el panorama literario español con la obtención del Premio Sésamo de cuentos por *Maniquí perfecto* y el rango de finalista en el Premio Nadal de 1957 con la célebre y celebrada novela *Central eléctrica* (Barcelona, Destino, 1958).

También madrileño, Julián Marcos desarrollará una trayectoria literaria dispersa por diversas revistas, antologías y tertulias –era uno de los más carismáticos asiduos del café Gijón– y su poesía no se verá reunida en libro hasta los años setenta, destacando por entonces la tardía edición de *El Carnaval: 1965–1970* (Madrid, Hiperión, 1978). No obstante, Marcos tuvo una fructífera proyección en el ámbito cinematográfico como guionista, ayudante de dirección –de Welles, Bardem o Berlanga, entre otros– e incluso como director, adaptando en 1991 para la gran pantalla *La taberna fantástica* de Alfonso Sastre. La crítica coincide en señalar, en todo caso, su importante papel como dinamizador de la intelectualidad antifranquista durante los años cincuenta y sesenta, lo que le granjeó no pocas visitas a los presidios de la Dictadura pero también un puesto destacado en el corazón del compromiso político de la Generación del Mediosiglo. Caso distinto fue, desde luego, el de Claudio Rodríguez, el cual, más allá de su implicación en los círculos opositores al Régimen, fue capaz de levantar una de las trayectorias poéticas más sólidas del siglo XX desde su precoz *Don de la ebriedad* (Madrid, Rialp, 1953) hasta su confirmación como poeta mayúsculo en *Conjuros* (Torrelavega, Cantalapiedra, 1958) y *Alianza y condena* (Madrid, Revista de Occidente, 1965).

En 1955, cuando la revista portuguesa *Vértice* sitúa el foco sobre ellos, los tres tenían en común, indudablemente, su radical juventud, contando 21 años tanto Marcos como Rodríguez, y poco más, 25 años, López Pacheco. Su aparición en *Vértice* suponía, de hecho, uno de los primeros contactos –si no el primero– de la Generación del Mediosiglo –la de los niños de la guerra– con los escenarios literarios portugueses de mayor proyección. Los tres, no por casualidad, se encontraban por aquellos mismos meses inmersos en sus estudios de Derecho o de Filosofía y Letras en la Universidad

Central de Madrid, donde el SEU de la Facultad de Derecho había publicado una antología de estudiantes poetas –tutelada por Laín Entralgo, Dioni-
sio Ridruejo y Javier Conde (Mangini, 1987: 84)– bajo el título de *Presencia
poética universitaria. Curso 1953–1954* (Madrid, Facultad de Derecho,
1954), uno de los selectos lugares donde puede hoy rastrearse la dispersa
obra poética del primer Julián Marcos. Más allá, los tres se encontraban
directamente involucrados desde 1954 en la organización del «I Congreso
Universitario de Escritores Jóvenes» (Lanz, 2009: 18), un encuentro, pro-
yectado para el mismo noviembre de 1955 en que sus poemas aparecieron
en *Vértice*, que finalmente sería prohibido por el gobierno franquista por su
marcado acento progresista. La transcendencia histórica y política de aquel
frustrado Congreso Universitario de Escritores Jóvenes como precedente
directo de los disturbios universitarios de 1956 tras la sonora destitución
del Ministro Ruiz-Giménez y del Rector Laín Entralgo –patrocinadores,
desde su tímido aperturismo en el seno del Régimen, de estos proyectos
estudiantiles– ha sido sobradamente comentada por la crítica, que no ha
dudado en hablar, en algunos casos, de una Generación –también literaria–
de 1956 (López Pina, 2010).

Por ello, la aparición en la revista *Vértice* el mismo noviembre de 1955
de estos tres poetas españoles, precisamente de estos tres poetas y precisamente bajo el santo y seña de ser tres poetas «universitarios», resulta
de veras elocuente y evidencia una cierta coordinación, o cuando menos
complicidad, entre las intelectualidades opositoras de España y Portugal.
Un testimonio, en suma, valioso a distintos niveles.

4. Tras la senda abierta. Continuidad de un diálogo recompuesto

Poco después de que la revista editada en Coímbra presentara a López
Pacheco, Marcos y Rodríguez, aparecía un poema «inédito e especialmente
enviado para *Vértice*» de Tomás Seral y Casas titulado «Una niña venía
llorando» (n° 148–149, enero-febrero de 1956, págs. 18–19). No en vano,
las revistas portuguesas empezaban a dejar de ser un lugar extraño para
la publicación de poemas en español. Así sucedía con revistas de distinto
cuño y lugares como la lisboeta *Árvore* (1951–1953), la conimbriguense
Sísifo (1951–1952), la bracarense *Quatro ventos* (1954–1960), la farense

Cadernos do Meio-Dia (1958–1960) y, sobre todo, la portuense *Bandarra* (1953–1964). Entre todas ellas, *Vértice* fue, sin lugar a dudas, una de las pioneras. También fue una de las mejor coordinadas con los debates estéticos y éticos del país vecino. Muestra de esto último son los números de marzo y abril de 1959 de *Vértice*, volcados con el vigésimo aniversario de la muerte de Antonio Machado, en paralelo con el homenaje que los Blas de Otero, José Agustín Goytisolo, Ángel González, Valente, Gil de Biedma, Barral y Caballero Bonald rindieron en Colliure al poeta sevillano. En el primero de los números conmemorativos de *Vértice* se homenajea al escritor sevillano con la publicación de cuatro de sus poemas –«Autorretrato», «Duelo», «Otro clima» y «Dos Españas» (n° 186, marzo de 1959, págs. 104–108)– al tiempo que en el segundo son poetas españoles próximos a la cabecera conimbriguense como Jesús López Pacheco y Julián Marcos –nuevamente– o Carlos Álvarez, quienes escriben versos en su memoria (n° 187, abril de 1959, págs. 166–168).

La reconstrucción del diálogo literario ibérico, empezaba, en suma, a alcanzar una fluidez y una sincronización al fin considerables. El papel desempeñado por la revista *Vértice* se presentaba, en este sentido, como uno de los más destacados.

Bibliografía

ANDRADE, C. S. (1987): *Vértice. Índice de Autores: 1942–1986*. Coímbra, Vértice.

FEIJÓ, R. (1952): «À volta de dois temas aparentemente contraditórios», *Vértice*, 107, 329–332.

LANZ, J. J. (2009): *Las palabras gastadas. Poesía y poetas del medio siglo*. Sevilla, Renacimiento.

LÓPEZ PINA, A. (ed.) (2010): *La generación del 56*. Madrid, Marcial Pons.

MANGINI, S. (1987): *Rojos y rebeldes: la cultura de la disidencia durante el franquismo*. Barcelona, Anthropos.

RAMOND, V. (2008): *A revista* Vértice *e o neo-realismo português*. Coímbra, Angelus Novus.

RIVERO MACHINA, A. (2016): *Más allá de la posguerra: poesía y ámbito literario (1939–1950)*. Cáceres, Universidad de Extremadura. Tesis doctoral.

RIVERO MACHINA, A. (2018): «La construcción del canon poético contemporáneo entre España y Portugal. La antología de Eugénio de Andrade para *O Comércio do Porto* a mediados del siglo XX», *Beoiberística. Revista de estudios ibéricos, latinoamericanos y comparativos*, 2–1, 203–215.

SÁEZ DELGADO, A. (2008): *Espíritus contemporáneos. Relaciones luso-españolas entre el modernismo y la vanguardia*. Sevilla, Renacimiento.

UREÑA, G. (1982): *Las vanguardias artísticas en la postguerra española, 1940–1959*. Madrid, Istmo.

Antonio Alías
Universidad de Granada

El poeta, el cartógrafo: el paisaje poético de Carlos de Oliveira

Resumen: Entre los libros *Micropaisagem* (1969) y *Entre Duas Memórias* (1971) la poesía de Carlos de Oliveira se conforma como el espacio de experimentación de una poética, la suya propia, en la que el campo, el ámbito rural y, por extensión, el paisaje ya habían constituido el motivo referencial por excelencia de su obra narrativa anterior. Nos referimos a las novelas *Casa na duna* (1943) y *Uma Abehla na Chuva* (1953), donde el espacio y el tiempo soportan la carga narrativa, además de ser el escenario de representación de las tramas (tragedias) de su escritura, vinculada desde el pricipio a cierto neorralismo literario. Sin embargo, después de su reelaboración en poema, el paisaje de Carlos de Oliveira rompe con los límites de la representación (realista) para conformar un tránsito hacia la experimentación formal que, curiosamente, acabará desembocando en la extrema *Finisterra-paisagem e povoamento*. Allí el paisaje será ya el acontecimiento poético propiamente dicho: un paisaje en tanto que poética.

Esta trabajo trata, precisamente, de dilucidar la constitución crítica de dicha poética del paisaje de Carlos de Oliveira en los libros antes mencionados (*Micropaisagem* y *Entre Duas Memórias*), por ser en ellos donde sucede el cambio de un paisaje realista a un paisaje poético hecho, a su vez, de imágenes (poéticas) acerca del paisaje en los versos sobre los campos castellanos de Antonio Machado y la agónica imagen de un paisaje desgarrado en el *Guernica* de Pablo Picasso. Estos últimos redimensionan, de alguna manera, la poética de Carlos de Oliveira en torno a la representación –aquí las formas de escritura– como un ejercicio de rememoración cultural de una España abocada a la tragedia. De ahí que, a través del poema titulado «Mapa», el propio escritor definiera el acto poético como ejercicio de cartografía, de re-creación de espacios, lugares y tiempos para una habitación en ficción.

Palabras clave: Carlos de Oliveira, Antonio Machado, Picasso, paisaje, poética, cartografía.

En diciembre de 1988 se publica, bajo la coordinación del profesor y poeta Fernando Pinto do Amaral, un número especial de la ya mítica revista *A Phala*, publicación de cabecera esta que no debe confundirse con la

homónima *A Phala* del surrealismo brasileño, sino la concebida por Herminio Monteiro en 1986 y editada por la no menos importante Assírio &
Alvim.[1] Todas estas fechas, que en principio no revelan nada más que la
conformación radicalmente histórica del penúltimo episodio cultural portugués del siglo XX, apuntan, sin embargo, a la preocupante situación de
la poesía entonces y que, durante aquellos días, contaba con un único salvaguarda: Fernando Pessoa. Con el título *Um século de poesia* los ensayos
allí reunidos serán resultado –según nos dice el texto de apertura– de un
trabajo colectivo nacido «da prática ou amor à poesia» (1988: 8), es decir,
de una celebración de la poesía llevada acabo por los propios poetas que,
allí, buscaban su propio lugar entre una multitud de voces de un panorama, el de la poesía portuguesa, deprimido bajo las insuficientes políticas
culturales y donde resultaba difícil *ser poeta* a excepción de la siempre
vitalista Lisboa. Sin embargo, esta reunión no pretendía articularse sobre
presupuestos marginales y sí, más bien, como una llamada de atención ante
la precaria situación de orfandad cultural. Así, cada uno de los ejercicios
críticos firmados por estos poetas estaba dedicado a una de las grandes voces poéticas portuguesas bajo el criterio del reconocimiento no de un poeta
olvidado, pero sí abandonado por las instituciones culturales del país, que
habían decidido centrar todos sus esfuerzos y partidas presupuestarias a los
actos conmemorativos en el centenario del nacimiento de Fernando Pessoa.
Y lo que, en principio, parecía un simple ejercicio sincrónico entre distintas
generaciones de poetas, guardaba en realidad, por un lado, una hermosa
afiliación poética entre ellos y, por otro, una celebración, en esta ocasión

---

1   Se trata de una edición especial de *A Phala*, publicación periódica editada en
    forma de hoja volante por Assírio & Alvim, y dedicada a la elaboración de
    estudios monográficos sobre literatura portuguesa. En esta ocasión el tema es
    la celebración de la poesía portuguesa contemporánea, «um século de grandes
    vozes isoladas ou organizadas em movimentos com uma vitalidade rara em toda
    a cultura portuguesa de sempre» (1988: 8): los poetas, sus libros, sus editores,
    los críticos y los movimientos literarios creando el contexto cultural más allá
    de la hegemónica presencia de Fernando Pessoa. Entre sus organizadores hay
    una presencia de la flor y nata de la intelectualidad, sobre todo lisboeta, de finales de la década de los 80. Nombres como Fernando Guimarães, Teresa Rita
    Lopes, Arnaldo Saraiva, David Mourão-Ferreira, Fiama Hasse País Brandão,
    Gastão Cruz, António Cabrita Luís Miguel Nava conforman, para la ocasión,
    la pléyade crítica.

por la vía *negativa*, pues la justificación sobre la épica reunión de poetas, tenía lugar a la sombra de estas, como ellos mismos las denominaron, *farras pessoanas* que, a lo largo del año 1988, todo lo embargaba y, lo que es peor aún, con la sensación de que fuese el mítico Fernando Pessoa un lastre poético, no sólo ya para la aparición de nuevas poéticas, sino también para el reconocimiento de estas fuera de la fronteras portuguesas.

Desligados, así, de cualquier conmemoración oficial, los poetas –entre los que podemos encontrar al ya mencionado Fernando Pinto do Amaral, a Nuno Júdice, a Gastão Cruz, etc.– decidieron contrarrestar los efectos de dichos fastos bajo la protección de la editorial Assírio & Alvim, asunto que no puede pasar desapercibido aquí, pues a ella debemos la responsabilidad por la publicación de los más importantes poetas portugueses antes y después de la Revolução dos Cravos (25 de abril de 1974), hecho este que nos dice de su función desde la resistencia cultural y, también luego, como lugar propicio para la expresión literaria en democracia. De alguna manera *A Phala* quiso ser el medio de una romántica y significativa *defensa de la poesía*, de una *poesía no pessoana* justamente –o a propósito–, en el año del encumbramiento de uno de los escritores portugueses de mayor proyección universal, pero sin caer en lo absurdo de su hipotético rechazo: «não pudemos ignorar o peso poético e a figura de Fernando Pessoa» (1988: 9), reconocían en las primeras páginas de la publicación. Por esta razón el gesto político se convierte aquí en una asunción reivindicativa o, si se quiere, en un ejercicio de memoria poética sobre el reconocimiento de la *diferencia en poesía*, pues, como afirman una vez más los coordinadores de la publicación, «pensamos que a poesia é a expressão mais relevante e mesmo mais vital da cultura portuguesa de este século» (1988: 9) a pesar de la hegemonía de Pessoa.

1. Carlos de Oliveira y el tema (poético) español

Este capítulo de la historia cultural más o menos reciente de la literatura portuguesa no debería pasar desapercibido, en cambio, para el establecimiento de las relaciones poéticas entre España y Portugal, más allá de la acostumbrada lectura de una literatura nacional sobre la que se articulan la mayoría de las instituciones literarias. Porque, de hecho, el reconocimiento institucional de Fernando Pessoa tiene varias consecuencias que no sólo tienen que ver con la invisibilización de otras poéticas en Portugal –como afirman susceptibles los firmantes de *A Phala*–,[2] sino también con los procesos de tránsito y recepción poéticos entre distintas literaturas. De forma paradójica la legitimación poética de Fernando Pessoa supone la creación de una frontera que se asume globalmente como mito identitario moderno de la lengua y la cultura portuguesa, y en la que se establece una confusión entre las políticas institucionales y lo que es, en realidad, una cuestión fundamentalmente poética. Como ya advirtió Pascale Casanova en su lectura derivada de Pierre Bourdieu, existen territorios literarios autónomos respeto a las arbitrariedades nacionales pero, sobre todo, fronteras «indépendants des tracés politiques» (1999: 14); una cartografía propia en que las relaciones literarias escapan, en cierta medida, a los fetichismos de su producción cultural y a la mercadotecnia que también parece instalada alrededor de la literatura.

Así, las dificultades de la recepción literaria autónoma. Porque de un tiempo a esta parte estas se entienden desde el ejercicio de la traducción y la distribución literarias –que, en el caso de Portugal, obedecen a las estrategias comerciales que giran en torno a la singularidad (portuguesa) de Pessoa– y casi nunca se refieren a las importantes relaciones entre (intra) poéticas, sus relecturas, su reescrituras sobre otros poetas. Ocurre así con Carlos de Oliveira, cuya escritura, como indicaba el poeta Luís Miguel Nava, «pautar-se-ia por um progresivo abandono de quanto se afigurasse acessório e imposto do exterior» (2004: 66), parece haber escapado al *síndrome Pessoa*[3] para señalar una reflexión desde la inmanencia poética

---

2 De ahí que los autores de este número especial de A *Phala*, en términos parecidos a los de Jean-Luc Nancy (1997), procuren una vía negativa donde valorar distintamente a la poesía: «Talvez estejamos a ser demasiado agressivos, mas a verdade é que, perante a avalanche sempre crescente de subprodutos que pouco têm a ver com a literatura mas dominam essa invenção que é o gosto das massas, a poesia surge cada vez mais como o secreto abrigo dos que recusam essa asfixia colectiva e insistem na descoberta de territórios pessoais onde encontrem refúgio para a sua diferença. Se pelo menos a alguns destes a nossa *Phala* disser alguma coisa, terá valido a pena» (1988: 9).
3 No es casualidad que sea el propio Luís Miguel Nava –uno de los poetas invitados a la redacción del número especial de la revista A *Phala*– el que detecte en su propio artículo conmemorativo («1988–1988: Um século de poesia») las peculiaridades del trabajo poético de Carlos de Oliveira. En este sentido,

y, sin embargo, su obra permanece parcialmente ensombrecida por la literatura pessoana dentro y fuera de Portugal. Y no se trata únicamente de confirmar, así, un significativo alejamiento de la estética neorrealista o, en ciertas lecturas, de un connotado gesto romántico sostenido en el binomio *creación-destrucción* (Reis, 2010: 382),[4] sino en subrayar la importancia de la escritura *recreativa* de Carlos de Oliveira en relación a poéticas ajenas a su contexto más inmediato. Sucede así con el vínculo del poeta portugués con la literatura española. No es nuevo el interés del poeta por la poesía de Antonio Machado, si bien es cierto el desconocimiento casi total que se tiene del Oliveira en el ámbito hispánico. Apenas dos de sus novelas han sido traducidas al castellano en la editorial independiente KRK, *Abeja en la lluvia* (2009) y *Finisterra* (2010); y dos libros de poemas –ambos con traducción de Ángel Campos Pámpano–: *Micropaisaje* (1987), publicado en la editorial Pretextos, y *Entre Dos Memorias* (2009), en la editorial Calambur. Aunque no es la primera vez que este libro se traduce al español desde 1971, al menos parcialmente. En 1992 el propio Ángel Campos Pámpano traduce una sección de *Entre Duas Memórias*, la primera denominada «Cristal en Soria», para el número 8 de la revista *Espacio/Espaço* en la que destaca, según éste, que se trata de un poema de

---

es necesario referirnos aquí al *trabajo panorámico* sobre literatura portuguesa desplegado a lo largo de sus ensayos por el entonces joven poeta portugués, donde se señalan las *diferencias en poesía*, a pesar de la influencia ejercida por Fernando Pessoa en el ámbito de la creación literaria contemporánea (2004: 63–70, 71–74, 191–208). Este ejercicio crítico, empero, no debe considerarse como mero tributo para la constitución de una historia de la literatura portuguesa, –como indica en su prefacio a estos *Ensaios Reunidos* de Luís Miguel Nava el académico Carlos Mendes de Sousa (8)–, antes bien como una genealogía poética, donde precisamente Nava traza y percibe un dilatado paisaje de fuerzas creativas en la determinación poética propia de los poetas por él escogidos.

4   En realidad Carlos Reis ya apunta a una rigurosidad en el *trabajo poético* de Carlos de Oliveira que, como muchos otros a lo largo del siglo XX (Antonio Machado o Juan Ramón Jiménez, por ejemplo), «foi levado também a drásticas supressões e à reescrita de poemas» (2010: 382). Sin embargo, no puede entenderse este procedimiento como algo anecdótico dentro del ejercicio de la escritura, pues en el caso de Oliveira apunta a una forma poética propia.

tema español, puesto que resulta de «un espléndido homenaje a la Soria de Machado y al Guernica de Picasso» (Oliveira, 1992: 16). Más allá de la justificación sobre la recepción, este detalle contenido en la breve nota final de la traducción no debería pasar desapercibido, si lo que se pretende es entender algunos aspectos del singular trabajo poético de Carlos de Oliveira. O para expresar de manera más concreta una cuestión que, en ocasiones, puede resultar secundaria a ojos de la crítica especializada en la obra del escritor portugués en su exigencia sobre su propia forma de expresión literaria: ¿qué hace Antonio Machado y Picasso en la escritura de Oliveira?

2. Una poética de rigor: mímesis y reescritura en Carlos de Oliveira

Estas referencias nos llevan, necesariamente, a la revisión de los presupuestos poéticos del escritor portugués, pues no se trata la de estos nombres de una presencia cualquiera en su poesía, bien por el contrario es verdaderamente significativa para sus intereses poéticos. Curiosamente en un libro de poemas anterior a *Entre Duas Memórias*, *Terra de Harmonia* (1950), su escritura ya se sometía a un régimen estético en el que la inflexión poética devenía no sólo de la confrontación con las composiciones líricas tanto propias como ajenas, sino también de la exigencia ante todas las composiciones que, de alguna, conforman un régimen referencial sobre su poesía. Así el juego de referencias cruzadas que se contiene en poemas como «Vilancete castelhano de Gil Vicente», «Soneto castelhano de Camões», «Que me quereis, perpétuas saudades?», «Soneto de Shakespeare escritos em português», donde la escritura de Oliveira supone la quiebra en la autoridad e identidad propias de sus composiciones poéticas y se instala en la escritura de la diferencia (de *otro*) que sólo es posible sobre la reescritura de los supuestos originales. Como afirma Rosa M. Martelo, el proceso de escritura de Oliveira es indisociable de la referencia, no porque se establezca un vínculo o reconocimiento de una tradición, sino porque es a partir de éste donde se articula una alteridad en su escritura y en la que la poesía «se pretende descobridora do mundo» (Martelo, 2004: 112). No es de extrañar, pues, que las referencias a Machado y a Picasso supongan aquí un paisaje poético distinto, pero también un singular acto de expresión donde las intensidades afectivas (de Oliveira con otros poetas) conforman cartografías o nuevas sensaciones: visones poéticas distintas sobre lo ya percibido.

Precisamente, y a partir de este peculiar forma de trabajar sobre las referencias en poesía, Carlos de Oliveira es uno de los poetas celebrados a la sombra de Pessoa en la revista *A Phala*. Concretamente, con el título «Carlos de Oliveira, uma poética da brevidade no contexto do Neo-realismo» (1988) el poeta Gastão Cruz detecta en los libros de poesía de éste una continua depuración del lenguaje realista que, de algún modo, *revertirá* en su trabajos posteriores –sobre todo en *Finisterra* (1978)– y, concretamente en la reconfiguración del espíritu de su obra: el *paisaje* de su infancia en la Gândara portuguesa. Y aunque Gastão Cruz perciba críticamente estos cambios a partir de la publicación del libro de poemas titulado *Cantata* (1960), será entre los libros *Micropaisagem* (1969) y *Entre Duas Memórias* (1971) donde la poesía de Carlos de Oliveira se conforma como el verdadero espacio de experimentación de su poética; en la que el vasto campo, el ámbito rural más pobre y, por extensión, el paisaje detallado que ya había constituido el motivo referencial por excelencia de su obra narrativa anterior –me refiero a las novelas *Casa na Duna* (1943) y *Uma Abehla na Chuva* (1953)–, se representa ahora en su mínima expresión poética: a *pedra*, a *estalactite* e a *árvore*. De la escritura devenida en palabra, la prosa se estructura en poema y nace el nuevo paisaje poético de Oliveira. Tras su reelaboración en poema el paisaje del portugués rompe con los límites de la representación realista para, así, promover un tránsito hacia la experimentación más formal. Curiosamente, este proceso poético acabará desembocando en la extrema filtración o, incluso, en la descomposición de sus elementos hasta prefigurar en sus poemas como motivos particulares e, incluso, microscópicos, tanto que estos resultan imposibles de comprender por sí mismos como paisajes totales –*realistas*, diríamos– pero que, en su proceso de desprendimiento, reconocemos como resto –*memoria*– del paisaje *otro* que fue, en este caso, el de su propia expresión en la escritura literaria de la cual proviene, la de sus novelas asociadas al neorrealismo.

Pero, ¿cómo entender, entonces, esta operación poética de Carlos de Oliveira? ¿Qué explicación crítica dar? Gastão Cruz, guiado por trabajo seminal de Eduardo Lourenço también sobre el poeta («Carlos de Oliveira e o trágico Neo-Realista»), finalmente justifica que esta «brevidade da vida e do mundo (e de nosso breve olhar sobre ele)» (1988: 84) en la obra poética

de Oliveira se debe a su sentido existencial e, incluso, metafísico, hecho éste
que se expresa bajo su propia condición de poeta en tiempos de penuria, sin
llegar a argumentar de manera profunda lo relativo a este trabajo en torno
a la poética, es decir, sobe los problemas de la representación como esencia
de la expresión literaria. Es más, sabemos que es a partir de este problema
donde se constituye la constante reflexión que el poeta llevó a cabo, no sólo
en la reunión de todos sus poemas bajo el engañoso título *Trabalho Poético*
(1962) –la *poiesis*, por tanto, de *un hacer* (*poiein*); que consiste en eso que
el poeta *hace* y no una mera compilación de poemas–, sino también en el
mentiroso libro de crónicas y ensayos que resulta ser *O aprendiz de Feiticeiro* (1971), donde la reescritura de piezas y algunos descartes poéticos de
sus libros acompañan a otros textos de carácter explicativo sobre su propia
escritura, es decir, acerca de sus modos de hacer, su *Poética*. En un sentido
aristotélico Carlos de Oliveira sabe que la principal labor del poeta (trágico)
es realizar la *mímesis* de una praxis, la representación de una *acción*. De
una acción, vale decir, de seres que actúan. Tal representación debidamente
estructurada constituía para Aristóteles el mito (fábula o historia) en torno
al cual se origina y organiza la tragedia. No obstante, con esta apreciación
aristotélica acerca de la actividad poética se aborda también el aspecto
formal (*literario*) de la actividad poética; pero como se notará en Oliveira,
tal punto de partida lo es sobre todo de limitación en la forma propia, es
decir, del establecimiento de fronteras o estructuras mínimas en relación al
mundo. Y, como sucede en los *mapas*, aquí también ocurre que el dibujo
de los límites no coinciden con una delimitación real, pero sí contribuyen
a la realización de un territorio distinto. De ahí que los poemas de *Micropaisagem* sean, en su organización verbal, la posibilidad de configurar los
mapas como elementos de una cartografía en miniatura sobre el tiempo y
el espacio, finalmente «lugar e condição possíveis de uma habitação a que
somos convocados», que diría Manuel Gusmão (2010: 322):

O poeta	pensando
[o cartógrafo?]	que
observa	talvez alguma
as suas	ave errante
ilhas caligráficas	traga
cercadas	à solidão
por um mar	do mapa,
sem marés,	aos recifes desertos,

arquipélago	um frémito,
a que falta	um voo,
vento,	se for possível
fauna, flora,	voar
e o hálito húmido	sobre tanta
da espuma,	aridez.[5]

3. Las cartografías sentimentales: Oliveira, Machado y Picasso

Curiosamente, en un texto igualmente titulado como estos poemas, *Micropaisagem* –en este caso perteneciente a *O Aprendiz de Feiticeiro*–, el poeta aprovecha para dar debida cuenta de su proceso poético en el diseño de los paisajes al equiparar la escritura de poemas –metafóricamente entre lo geológico y la construcción cosmológica– como una elaboración de lenguaje decantado cuyo rigor simula una reacción química o un sistema planetario. De esta forma, este *hacer mapas* de Carlos de Oliveira lleva aparejado un paisaje pensado como una estructura básica de acontecimientos que se aparta de la detallada descripción realista de sus primeras novelas y en donde la poesía supone justamente, en términos del propio Oliveira, «um proceso visual do esquecimento» (2004: 205), al despojar al texto y deducir una imagen –*reflexiva*– de su propia escritura poética: «Um texto diante do espelho: vendo-se, pensando-se» (2004: 205). Y en tal proceso de distanciamiento poético Oliveira no sólo nos está dando la clave para su ruptura definitiva con la escritura referencial del realismo, sino que nos introduce al mismo tiempo otro de los aspectos más importantes de su trabajo poético: una asumida *alteridad*, que será sin duda el principio creador –o, acaso, una vuelta de tuerca más sobre la *mímesis*– en el libro *Entre Duas Memórias* (1971) sobre una larga tradición moderna que tiene que ver con la *despersonalización* inherente a la escritura poética:

> Escrevo com frequência interpretações doutros poetas. Preguntam-me porquê. Respondo precisamente citando um poeta: «J'imite. Tout le monde imite, tout le monde ne le di pas» (Aragon). Porém os poetas nestas coisas não devem ser tomados muito à letra. Quem não sabe ainda que o *poeta é um fingidor*? (Oliveira, 2004: 2006).

---

5 Poema de Carlos de Oliveira perteneciente al libro *Micropaisagem*, recogido finalmente en *Trabalho poético*. Lisboa, Assírio & Alvim, 2003. págs. 273–274.

Lejos de cualquier compromiso para con lo real y la obligada *originalidad* en literatura el claro guiño al Pessoa ortónimo, que explica poéticamente lo que de ficcional tienen sus versos, refuerza la exigencia poética con la que Carlos de Oliveira escribe sus propios poemas en tanto que memoria de unos paisajes poéticos ajenos, pues «não se foge completamente a certos contextos literários, a certa parentela. Entramos sempre com maior ou menor conhecimento do facto numa linhagem que nos convém e é dentro dela que trabalhamos pelas nossas pequenas descobertas» (2004: 206). En este reconocimiento sobre lo que supone el ejercicio de la escritura, como diría Harold Bloom bajo la *angustia de la influencia*, se significa un nuevo gesto poético en el tránsito de un paisaje realista hacia otras imágenes, en esta ocasión distintas acerca del paisaje poéticamente ya contemplado, por un lado, en los versos de *Campos de Soria* de Antonio Machado y, por otro, en la écfrasis que Oliveira realiza sobre la agónica escena de un paisaje devastado por las bombas en el *Guernica* de Pablo Picasso que, dicho sea de paso, obligó a replantear las bases de su pintura –por entonces cubista– en la necesidad de representar de otra manera lo que es, ciertamente, casi imposible de dar representación: *los desastres de la guerra*. Tanto el poeta como el pintor sirven al poeta portugués para redimensionar y trascender los límites culturales, cuando las posibilidades en torno a la representación poética, y sus formas de escritura, pasan por un ejercicio de rememoración de un imaginario trágico sobre España que, aunque políticamente se distancia de Portugal, fundamentalmente a ella está arraigada, precisamente, en términos topográficos por la *tierra* y el *paisaje*. No es de extrañar que en la parte titulada «Nas colinas de António Machado» del libro de poemas *Entre Duas Memórias,* los poemas sean rescrituras poéticas marcadas por temporalidades geológicas y cósmicas que, en su compartida aridez lunar, suponga una cartografía sentimental respecto a la familiar dureza de la Gândara representada en los paisajes primeros de Oliveira, eso sí –y aquí el vínculo– conectadas por un eterno motivo que las atraviesa en su significativo devenir hacia un nuevo orden creativo: el *río Duero, o rio Douro.* O lo que es igual: de Machado a Oliveira, una escritura que se hace paisaje.

De la complejidad de esta lectura, probablemente, no fuera consciente Gastão Cruz. Y es que, unos años antes de su trabajo crítico para la revista *A Phala*, un pequeño acontecimiento literario vendrá a resignificar todo este proceso poético hasta aquí expuesto. En 1981 la popular revista

Jornal das Letras publica un pequeño texto inédito de Carlos de Oliveira titulado «Cosmogonia». Dicha pieza correspondería, según nos indica Rosa María Martelo (2011) en su trabajo dedicado a este asunto, a un conjunto de reflexiones que el poeta habría usado a modo de cuaderno de notas durante la escritura de su libro *Fisterra – Paisagem e Povoamento*. Lo sorprendente de este texto es que, de una manera explícita, Oliveira vuelve a insistir sobre el proceso de depuración poética, en esta ocasión, proveyéndose de las estrategias propias de la pintura abstracta de Paul Klee. La búsqueda de las formas de expresión poéticas se dispara en este nuevo ejercicio comparatista al crearse una afinidad interartística bajo una máxima que, leyendo el conjunto de la obra de Carlos de Oliveira, resulta ahora estéticamente relevante: «el arte no reproduce lo visible; *vuelve visible*». Estas palabras, que pertenecen al escrito de Paul Klee titulado *El credo del creador* (1915), parecen ser apropiadas en la poética de Oliveira, cuando el poeta pretende *desfamiliarizar* la mirada como método que trasciende las convenciones realista sobre la representación y lo visible, y trabajar en cambio sobre un mundo «que nasce, na sua geometria extrema, sem caos nem confuão. Quase abstracto» (1981) de su poesía.[6] Ahora sabemos que cualquier poema integrado en «Descrição da guerra em Guernica» –la otra parte que conforma el libro *Entre Duas Memórias*– participó en esa deriva abstracta como creación literaria para escapar, así, de los paisajes poéticos habituales, de la confusa identificación entre sujeto y paisaje, al tiempo que legitima a la poesía –y por extensión a la literatura– como cuestión de cierta

---

6   En la obra de los filósofos franceses Deleuze y Guattari, *¿Qué es la filosofía?* (2005: 170–171), las teorías de Klee sobre la pintura resultan esclarecedoras y conectan de manera muy elocuente con las cuestiones que aquí se están tratando acerca del paisaje: «Todos los grandes paisajes tienen un carácter visionario. La visión es lo que se vuelve visible de lo invisible... El paisaje es invisible, porque cuanto más lo conquistamos, más nos perdemos en él. Para llegar al paisaje, tenemos que sacrificar, tanto como nos sea posible, cualquier determinación temporal, espacial, objetiva; pero este abandono no sólo alcanza el objetivo, *nos afecta a nosotros mismos* en la misma medida. En el paisaje, dejamos de ser seres históricos, es decir, seres por sí mismos objetivables. *No tenemos memoria* para el paisaje, tampoco la tenemos para nosotros en el paisaje. Soñamos de día y con los ojos abiertos. Somos sustraídos al mundo objetivo, pero también de nosotros mismos. Es el sentir».

razón estética inscrita en el mundo. En Oliveira, por tanto, será el paisaje el acontecimiento poético propiamente dicho.

Bibliografía

CASANOVA, P. (1999): *La République Mondiales des Lettres*. Paris, Éditions du Seuil.

DELEUZE, G.; GUATTARI, F. (2005): *¿Qué es la filosofía?* Barcelona, Anagrama.

GUSMÃO, M. (2010): *Tatuagem & palimsesto. Da poesia em alguns poetas e poemas*. Lisboa, Assírio & Alvim.

NANCY, J.L. (1997): *Résistance de la poésie*. Bordeaux, William Blake & Co.

NAVA, L. (2004): *Ensaios reunidos*. Lisboa, Assírio & Alvim.

MARTELO, R. (2011): «As paisagens imponderáveis de Carlos de Oliveira (abstracção e figurativismo)», *Pessoa. Revista de Ideias* (4), 112–125.

MARTELO, R. (2004): *Em parte incerta. Estudos de poesia portuguesa moderna e contemporánea*. Porto, Campo das letras.

MARTELO, R. (1998): *Carlos de Oliveira e a referencia em poesia*. Porto, Campo das letras.

MONTEIRO, M.; PINTO DO AMRAL, F. (1988): «Um Século de Poesia (1888–1988)». En *A Phala. Um Século de Poesia (1888–1988)*. Lisboa, Assírio & Alvim, 8–10.

OLIVEIRA, C. (2004): *O Aprendiz de Feiticeiro*. Lisboa, Assírio & Alvim.

OLIVEIRA, C. (2003): *Trabalho poético*. Lisboa, Assírio & Alvim.

OLIVEIRA, C. (1992): *Cristal en Soria / Cristal em Sória* [Versión de Ángel Campos Pámpano]. Paris, Éditions du Seuil.

OLIVEIRA, C. (1981): «Cosmogonia», *JL – Jornal das Letras, Artes e Ideias*, ano 1, n° 8 (9–22 Junho).

REIS, C. (2010): «Raízes do texto, razão da escrita: da alma ao papel». En LOURENÇO, A., SILVESTRE, O. (coord.): *Literatura, espaço, cartografias*. Coimbra, Centro de Literatura Portuguesa, 375–390.

Mónica Fuentes del Río
Universidad Complutense de Madrid

La influencia de Portugal y su literatura en la obra de Carmen Martín Gaite

Resumen: En este capítulo se analiza la presencia y la influencia de Portugal, su cultura y su literatura en la vida y la obra de la escritora Carmen Martín Gaite. Su fascinación por este país comienza a mediados de los años cuarenta durante su estancia en la Universidad de Coimbra, su primer viaje al extranjero; sin embargo, también se debe a su ascendencia gallega y su especial vinculación con Galicia. Ambos están presentes tanto en su teoría literaria, como en su narrativa. Así, en sus reflexiones sobre el arte de narrar y en sus críticas literarias escribirá de autores portugueses como Fernando Pessoa y Eça de Queirós, al que también traduce.

Palabras clave: Carmen Martín Gaite, teoría literaria, literatura, Portugal, Galicia, Eça de Queirós, Fernando Pessoa

La cultura portuguesa está presente en la vida y la obra de Carmen Martín Gaite (1925–2000), tanto en su teoría literaria o poética, como en su práctica ficcional, en especial, por su ascendencia gallega. Se encuentra sobre todo en la concepción de la literatura, considerada un acto comunicativo, que elaboró durante cerca de cincuenta años en sus ensayos, artículos periodísticos, críticas literarias y anotaciones de sus «cuadernos de todo», que era como llamaba a sus cuadernos, en los que escribió a lo largo de su vida. La autora salmantina compaginó con sus distintas facetas creadoras sus reflexiones sobre la literatura, la escritura y el arte de narrar, que constituyen una teoría literaria, reflejada y originada, en gran medida, por su práctica ficcional –novelas, cuentos, teatro y poesía–, de modo que ambas se retroalimentan e influyen mutuamente, lo que confiere un carácter circular al conjunto de su producción y pensamiento (Fuentes del Río, 2017). La escritora fue, además, ensayista, investigadora histórica, crítica literaria, traductora, guionista de series de televisión y cine, prologuista y conferenciante.

1. La relación entre Portugal y Carmen Martín Gaite

La relación de la autora con Portugal y su cultura se origina en el verano de 1946. Ese año, como estudiante de Filología Románica de la Universidad de Salamanca, le conceden una beca de estudios en la Universidad de Coimbra, así que por primera vez viaja sola al extranjero, «cosa que me ilusionaba mucho, porque entonces no era costumbre que una chica viajara sin compañía» (Martín Gaite, 1993: 17). Reside durante dos meses en la citada ciudad portuguesa, pero también conoce Oporto y Lisboa (Martín Gaite, 1993: 17). Justo en ese período le nace su propósito de hacer la tesis doctoral sobre los cancioneros galaico-portugueses del siglo XIII, así que comienza a tomar notas para dicha investigación (Martín Gaite, 1993: 17).

Este viaje a Coimbra es fundamental en la presencia e influencia de la cultura portuguesa en su obra. De hecho, considera este viaje como «una estancia inolvidable y que me aficionó para siempre a la literatura y a la lengua portuguesas» (Martín Gaite, 1993: 285). No en vano «Portugal significa la primera apertura hacia el extranjero que experimenta la escritora y, como tal, deja constancia en su obra alusiones que lo relacionan con un ambiente de libertad» (González Couso, 2009). Precisamente la libertad individual es un motivo constante en su producción ensayística, periodística y literaria[1]. Por ejemplo, es el tema central de su novela *Caperucita en Manhattan* (Fuentes del Río, 2018b). Además, Portugal forma parte de su geografía narrativa, aunque en menor medida que otros lugares vitales célebres de su obra, como Galicia, Salamanca, Madrid o Nueva York, y las casas o los pisos que en ellos habitó, recreados o transformados en mayor o menor grado en literatura. Así, Portugal aparece como motivo temático en *Las ataduras*. En este relato Alina y Eloy «evocan Portugal como un lugar lejano y extraordinario» (González Couso, 2009). Años después en la novela *El cuarto de atrás* la escritora cuenta sus impresiones durante el viaje a Coimbra –«el país más exótico y más lejano de la tierra»– (Martín Gaite, 1992: 42–44). Sin duda, en su obra «vida y literatura se funden e iluminan mutuamente» (Redondo Goicoechea, 2004: 10).

1　La búsqueda de la libertad individual es un tema constante en su narrativa (Martinell Gifre, 1999: 27).

En 1948, después de licenciarse en Filología Románica, le conceden otra beca de estudios, esta vez en la Universidad de Cannes (Francia). La autora también considera esta estancia de verano como «unas vacaciones inolvidables» (Martín Gaite, 1993: 17). En este caso, «sobre todo, conocí por primera vez, a mis veintidós años, el sabor auténtico de la libertad» (Martín Gaite, 1993: 17). Tanto es así que allí decide dejar su ciudad natal y su familia para irse a vivir a Madrid a estudiar el doctorado[2]. Justo en esta ciudad tendrá lugar uno de los episodios clave de su trayectoria como narradora: su reencuentro con Ignacio Aldecoa, compañero de estudios en la Universidad de Salamanca y quien le presentará a los escritores que formarán parte de la que se denominará generación del medio siglo. Con este grupo de amigos ampliará sus lecturas –era una lectora contumaz desde niña–, compartirá aficiones que serán muy influyentes en su obra como la conversación y el cine[3], educará su mirada de escritora y publicará cuentos y artículos en diversas revistas (Fuentes del Río, 2018b).

Estos viajes[4] al extranjero son fundamentales en el conjunto de su producción, ya que en ellos no solo lee por primera vez a escritores muy importantes de las distintas tradiciones literarias, sino que también perfecciona el conocimiento de otros idiomas, lo cual repercutirá en su labor como traductora[5] y en su propia escritura (Fuentes del Río, 2018b). De hecho, traducirá a algunos de estos autores y escribirá sobre ellos en sus críticas literarias y en su poética –los pondrá como ejemplo del arte de narrar en sus reflexiones sobre la literatura y la creación literaria–. Además, estas

---

2 Calvi (2007: 18) señala que en noviembre de 1948 abandona su Salamanca natal y se marcha a Madrid.

3 Sobre la presencia del cine en el conjunto de su producción puede consultarse Fuentes del Río, 2018a.

4 La autora viaja posteriormente a Italia y, sobre todo, a Estados Unidos; en este caso, a partir de 1979, invitada por diferentes universidades para impartir talleres y dar conferencias.

5 Martín Gaite traducirá obras del portugués, francés, italiano e inglés, como se explica con más detalle en Fuentes del Río, 2017: 431–438. Ya en sus años de formación universitaria traduce del rumano. De hecho, entre 1947 y 1950 publica en la revista *Trabajos y días*, junto con tres poemas y dos cuentos suyos, algunas traducciones del poeta rumano Tudor Arghezi (Calvi, 2007: 15–16), unos textos recopilados por Romero López, 2002.

influencias literarias y culturales son evidentes en sus distintas facetas creadoras, en especial, en su práctica ficcional[6]. Por tanto, estos viajes y sus lecturas forman parte esencial de su formación como escritora. Así, González
Couso (2009) recuerda que en sus estancias en otros países Martín Gaite
se nutre de su ambiente cultural y entra en contacto con su literatura. La
propia autora ha dejado constancia de su aprendizaje en estos viajes. En
este sentido, Calvi (2007: 18), editora de la selección de los «cuadernos de
todo»[7], explica que en una página del cuaderno que contiene el manuscrito
de *El libro de la fiebre*[8] se lee este apunte: «Coimbra, Cannes, y lo que crecí
en medio». Sin embargo, no se trataba de un caso excepcional. «Carmen
Martín Gaite, pertenece, por tanto, a una generación de universitarios que
empiezan a salir al extranjero, rompiendo esa cáscara de cerrazón en la que
estaba envuelta la España de postguerra» (Calvi, 2007: 18).

2. La fascinación galaico-portuguesa en la obra de Carmen Martín Gaite

La fascinación de la autora por Portugal y su cultura se debe, en gran
medida, a su especial conexión con Galicia. De hecho, era de ascendencia
gallega por parte materna. «Portugal, tal vez por sus vinculaciones lingüís-
ticas con Galicia, es un país que siempre me ha fascinado particularmente
y me siento atraída por sus costumbres y su literatura» (Martín Gaite,
1993: 17). Junto a su hermana Ana, veraneaba durante su niñez y primera
juventud en la aldea orensana de San Lorenzo de Piñor, donde escribirá sus
primeros poemas. Precisamente atribuye a su ascendencia gallega y a su
vínculo galaico-portugués algunas de sus ideas sobre la literatura, como las
escasas fronteras entre la literatura y la vida, así como el carácter mágico
y fantástico de su obra.

---

6   Todos estos aspectos están estudiados con más detalle en Fuentes del Río, 2017.
7   Esta selección se ha publicado como Martín Gaite, C. 2002b: *Cuadernos de todo*, ed. Maria Vittoria Calvi. Barcelona, Random House Mondadori.
8   La autora escribió esta novela después de recuperarse del tifus que padeció cuando se fue a vivir a Madrid, aunque la dejó inacabada. Se publicó de forma póstuma (Martín Gaite, 2007).

Hay países más acostumbrados que otros a convivir al mismo tiempo con lo real y lo irreal, con lo que se entiende y lo que no se entiende, y más capaces de fomentar, por eso, el florecimiento de la literatura fantástica. Por ejemplo, Portugal y Galicia. La creencia en aparecidos, tan común en esta región, es un reflejo de su peculiar trato con la muerte, como queda atestiguado en proverbios y poemas basados precisamente en la ambigüedad, en la dificultad de marcar la frontera entre lo que se ve y lo que no se ve. Rosalía de Castro lo expresó muy acertadamente cuando escribió: *Teño medo d'unha cousa que vive e que non se ve*. (Martín Gaite, 1993: 162)[9]

Respecto a esta incertidumbre, a las escasas fronteras entre la literatura y la vida, el sueño y la realidad, presente en su narrativa desde su primera novela corta *El balneario* (Martín Gaite, 2002a: 134), la autora cita también a Ramón del Valle-Inclán, otro autor muy influyente en su obra –tanto él como Rosalía de Castro, entre otros muchos, forman parte de sus reflexiones sobre la literatura, es decir, de su poética–. «Rosalía de Castro parece perseguir siempre, a través de sus quejas y añoranzas, la sombra de otra cosa "que existe pero no se ve", ese anhelo inefable tan propio del espíritu galaico-portugués, al que su *saudade* pertenece por entero» (Martín Gaite, 2002a: 162). Estas ideas sobre su concepción de la literatura, tan cercanas al espíritu galaico-portugués, se hallan no solo en su poética, sino también en su práctica ficcional. Galicia es una de sus influencias culturales, presente en sus distintas facetas creadoras.

Tengo la impresión de que Galicia está dispersa por toda mi obra, aunque unas veces se esconde y otras se destapa. Y no me estoy refiriendo solo a las novelas de clara localización gallega, especialmente tres de las que luego hablaré[10], sino también a mi tendencia –creo que innata– a empinarme sobre las fronteras de lo que me hacen ver como «realidad» y avizorar desde allí una segunda realidad enigmática y misteriosa que roza los confines de lo ignoto. Tendencia que se

---

9 Esta cita también se halla en Martín Gaite, 2002a: 133; 355. Este es un ejemplo del hecho de que la autora se cita y se reescribe a sí misma en sus obras, con ciertas variaciones, así como de su relevancia.

10 Se trata de *Las ataduras*, *Retahílas* y *El pastel del diablo*, ambientadas en el paisaje de San Lorenzo de Piñor, de forma realista en la primera, con cierto tinte irreal en la segunda y muchísimo más desfigurado en la última por su corte fantástico (Martín Gaite, 2002a: 126–128). En un texto posterior a este, Martín Gaite (2002a: 390) explica que la localización de *La Reina de las Nieves* (1994) está inspirada también en Galicia.

agudiza cuando invento una historia, y así se refleja en muchos tramos de mi prosa, igual que el rechazo a admitir el muro de separación que otros levantan entre la literatura y la vida, o entre lo incierto y lo seguro; para mí se teje una especie de gasa, que parece bastante galaica, hecha de creencias sin comproba-ción, de vislumbres, de apariciones y metamorfosis, y es como si a través de esa gasa entendiera cosas que están al otro lado, regidas por fuerzas que no son las de la lógica con que se registran los hechos durante la vigilia. (Martín Gaite, 2002a: 122)

Como vemos, Galicia está presente en su narrativa no solo como loca-lización de algunas de sus novelas y relatos, sino también como motivo temático. Por ejemplo, en el relato infantil *El pastel del diablo* se pueden rastrear, transformadas en literatura, algunas de sus vivencias en los vera-neos pasados en la aldea orensana. Como hizo la autora en su infancia, la niña protagonista del cuento recorre el paisaje montuoso y agreste; además, ambas comparten la afición a la narración, igual que muchos de sus seres de ficción. Y en *Las ataduras*, Alina y su amigo Eloy suben también al monte y sentados en lo alto de una peña cuentan cuentos y se hacen confidencias (Martín Gaite, 2002a: 129). Algunos de sus personajes femeninos a menudo trepan a un árbol, suben a un monte o ascienden a una torre, perspectiva desde la que la realidad les parece renovada, ya que necesitan el desahogo de este punto de vista (Martinell Gifre en Martín Gaite, 1995: 81).

Además, su narrativa refleja las ideas sobre la literatura de su poética. La propia escritora atribuye a su ascendencia gallega las escasas fronteras entre la literatura y la vida[11], el sueño[12] y la realidad; o el carácter mágico, maravilloso y fantástico de su obra. En su teoría literaria y en su práctica ficcional se hallan otros aspectos relacionados con estos conceptos que pue-den ser debidos, en parte, a la influencia cultural gallega y, por su estrecha conexión, a la portuguesa. Por ejemplo, la mutua influencia entre literatura y vida; el concepto de que la ficción literaria es tan real como la propia existencia, aunque tiene su propia realidad; la literatura como refugio,

---

11 «Los personajes de Carmen Martín Gaite se sitúan, al igual que ella misma, en el mundo "de puntillas", en un raro equilibrio que les permite estar siempre al acecho de la irrupción de lo maravilloso» (Carrillo Romero, 2010: 254).
12 Sus personajes sueñan mucho. De hecho, el sueño, la visión y la memoria son las tres voces del texto que le llegan al lector para interpretar la historia (Martinell Gifre, 1995: 24). El sueño, la evocación y la rutina son tres temas fundamentales en sus cuentos (Llanos de los Reyes, 2002).

evasión, liberación de la rutina que oprime y no satisface, juego[13], viaje, aventura, expresión crítica de la vida y brecha en la costumbre que transforma nuestra percepción de la realidad y que causa perplejidad, sorpresa y descubrimiento; la incertidumbre, como dadora de vida y esencia de la ficción y la escritura; el ciclo comunicativo perenne que son la literatura y la vida; y los desencadenantes de la extrañeza ante lo contemplado –las apariciones y desapariciones inesperadas, las premoniciones, las corazonadas o los presentimientos; la pérdida de orientación, incluso en lugares conocidos; y la confusión entre sueño y realidad–[14]. Así lo viven muchos de sus personajes. La magia, la fantasía, el surrealismo, lo maravilloso, lo extraño o lo ambiguo –pueden impregnar la globalidad de la obra o tratarse de elementos concretos en ella– están presentes en toda su narrativa desde sus inicios. Algunos ejemplos son las novelas *El libro de la fiebre*, *El balneario*, *El cuarto de atrás*, *Caperucita en Manhattan* y *La Reina de las Nieves*; y los relatos *El pastel del diablo*, *El castillo de las tres murallas*, *Un día de libertad* y *La mujer de cera*.

Respecto a su fascinación por el país portugués, escribe el artículo periodístico titulado «Presencia-ausencia de Portugal» (Martín Gaite, 1993: 285–287). En él explica que ya de niña, cuando pintaba el mapa de España, desde su lógica infantil, consideraba Portugal como «una pieza tan indispensable como las demás para componer el perfil de la Península Ibérica» (Martín Gaite, 1993: 285). Además, censura la falta de conocimiento sobre él, a pesar de su proximidad. «Es sorprendente el desconocimiento y hasta desdén por parte de algunos españoles con respecto a la cultura de un país tan estrechamente fronterizo con el nuestro como es Portugal, tan unido a nuestra historia y a nuestra lengua» (Martín Gaite, 1993: 285). Y anhela los años en los que formó parte de la corona de los Austrias, el período comprendido entre 1580 y 1640. «[…] siempre que pienso en la proximidad-lejanía de nuestro país hermano, se me enquistan con la incomodidad de un cuerpo extraño los sesenta años en que esa hermandad pudo y debió florecer como una realidad gloriosa para nuestra historia conjunta» (Martín Gaite, 1993: 285–286).

---

13 El carácter lúdico de la literatura en la obra de la autora se analiza con detalle en Fuentes del Río, 2016.

14 Todos estos aspectos se estudian en profundidad en Fuentes del Río, 2017.

De este hecho transcendental los historiadores han destacado el aspecto político, económico y militar de los problemas surgidos desde que Felipe II se posesionó del reino, hasta el alzamiento de 1640 en tiempos de Felipe IV, que dio paso a la dinastía de Braganza. [...] ¿por qué demonios no se le ocurriría a Felipe II, como primera medida de gobierno, tras la incorporación de Portugal, instalar de forma permanente la corte en Lisboa? ¿Puede imaginarse una ciudad más hermosa, idónea y estratégica que aquella para convertirla en la capital del reino? [...] En cuanto a sus descendientes, más vale no recordar los agravios y vejaciones que infligieron al país conquistado, haciéndole ver ostentosamente que no era más que una dependencia de España [...] sin enterarse de los problemas lusitanos ni hacer nada para resolverlos. Como escribe años más tarde la historiadora Suzanne Chantal: [...] «Portugal no les debe nada». (Martín Gaite, 1993: 286)

3. La influencia de la literatura portuguesa en la obra de Carmen Martín Gaite

Los dos escritores portugueses más influyentes en la autora son Eça de Queirós y Fernando Pessoa. Queirós le apasiona; de hecho, devora sus novelas «con especial fruición» durante su formación universitaria salmantina (Martín Gaite, 1993: 17). En 1974 se publica su traducción de la novela «El misterio de la carretera de Sintra» (1870). En el prólogo que escribe ella misma, explica el proceso de escritura de la obra elaborada conjuntamente con Ramalho Ortigão.

Resulta comprensible que una obra concebida y emprendida en semejantes términos resulte incongruente, desordenada, híbrida, plagada de inexactitudes y repeticiones, desorbitada e inverosímil. Pero ya queda dicho que ninguno de los portugueses que leyó la primera entrega pudo abandonar la lectura hasta el final. Y el hecho de que hoy siga ocurriendo lo mismo es un tanto a favor de la innegable calidad de la obra, que fue imprimida en volumen al poco tiempo de su publicación por entregas y obtuvo un gran éxito. (Martín Gaite, 2011: 13–14)

La autora escribe una auténtica crítica literaria en este prólogo (julio de 1974). Como es habitual, habla con honestidad sobre la obra, de la que destaca el arte de narrar.

[...] hay otro tipo de aciertos, a mi entender todos debidos a la pluma de Eça de Queirós, que resplandecen a través del desmaño aparente de las apresuradas informaciones. Me atrevería a decir que no solo es una buena novela policíaca[15], sino

---

15 Precisamente *El cuarto de atrás* (1978), su novela más autobiográfica y fantástica, contiene también elementos del género policíaco o de misterio, rosa e histórico, entre otros (Pineda Cachero, 2000).

que en algunos pasajes pueden rastrearse importantes gérmenes de una buena novela psicológica. Por ejemplo, en el tipo de la condesa –que, además, también se llama Luisa– hay un claro boceto de uno de los tipos femeninos mejor tratados posteriormente por la pluma de Eça de Queirós, la Luisa de *El primo Basilio*. Y hay también una intención de satirizar la novela folletinesca que hacía furor en la época, sin dejar de conservar, por ello, el esquema folletinesco, desdoblamiento que revela una madurez poco común. (Martín Gaite, 2011: 14–15)

De Queirós escribe también en sus reflexiones sobre la literatura y lo pone como ejemplo del arte de narrar, como hace con otros autores portugueses. En 1977, en un artículo en el que censura con dureza la adaptación cinematográfica española de *El primo Basilio*, la considera como «una de las novelas de adulterio más importantes del siglo xix, superior en aciertos psicológicos a *Ana Karenina*, *La Regenta* y *Madame Bovary*[16]. Y lo malo es que casi nadie la conoce» y a Luisa, «la infortunada heroína», como «uno de los personajes femeninos más serios y emocionantes de toda la literatura del xix» (Martín Gaite, 2006: 130). En el mismo texto recomienda al lector una traducción muy buena de dicha obra por «un aprendiz de escritor». En sus críticas literarias alababa el arte de traducir y censuraba justo lo contrario, como hacía con el arte de narrar en el caso de los escritores. De su propia labor como traductora escribe también en el prólogo a *El misterio de la carretera de Sintra*, cuyo final contiene algunas de sus reflexiones sobre el arte de traducir, como el esmero y el respeto a la obra original.

He querido respetar en la traducción la frescura que tiene de apuntes o crónicas de urgencia para el público voraz que las esperaba, y solo en algunos casos me he atrevido a limar un poco los defectos del lenguaje. En cuanto al tono sombrío y posromántico de alguna de las descripciones finales, también lo he conservado lo mejor que he podido en mi versión al español, pensando que puede tener, cuando menos, un valor documental. (Martín Gaite, 2011: 15)

---

16 En su ensayo *Desde la ventana*, acerca de la relación entre la literatura y la mujer, escribe sobre estas obras. «Más de la mitad de las novelas escritas por hombres en el siglo xix tienen por protagonista a una mujer que desde la rutina de su vida matrimonial sueña, apoyándose en modelos literarios, con vivir aventuras pasionales, nunca en tomar de verdad las riendas de su existencia como ser pensante. Flaubert, Chejov, Tolstói, Eça de Queirós, *Clarín*, Pérez Galdós, Valera y otros tantos geniales buceadores del tedio femenino no proponen al problema más opción que la del adulterio. [...] Es decir, en estas historias ofrecidas a las lectoras y consumidas ávidamente por ellas, se multiplicaban los gérmenes del malestar» (Martín Gaite, 1999: 46–47).

El poeta Fernando Pessoa está muy presente en su obra, por ejemplo, en sus reflexiones sobre la literatura; en ellas lo pone como ejemplo del arte de narrar. Incluso lo hace para escribir sobre otros autores; así, acerca del artificio del desdoblamiento, destaca «los espléndidos frutos literarios en Antonio Machado y Pessoa» (Martín Gaite, 1993: 244). Suele mencionarlo junto con Rosalía de Castro, Miguel de Unamuno y Ramón del Valle-Inclán[17], por las mutuas conexiones entre su obra y las ideas de la escritora, como las escasas fronteras entre el sueño y la realidad. Así lo hace en la conferencia titulada «Brechas en la costumbre» (Martín Gaite, 1993: 157–168), pronunciada en un simposio sobre literatura fantástica. En ella habla, por ejemplo, de las escasas fronteras entre la literatura y la vida, el sueño y la realidad. «Distinguir las cosas que se han soñado de las que han sucedido se convierte a veces en una tarea tan desconcertante como inútil. Fernando Pessoa nos ofrece un ejemplo límite de esta amalgama en su drama estático *El marinero*» (Martín Gaite, 1993: 166). La autora escribe este texto en julio de 1990, unos meses después del estreno de la versión en español que ella misma elaboró de la obra teatral portuguesa. La presencia-ausencia del marinero entronca con la afirmación de Unamuno que abre su novela corta *El balneario*, cuyo tema central es la confusión entre sueño y realidad: «Cuando un hombre, dormido e inerte en la cama, sueña algo, ¿qué es lo que más existe: él, como conciencia que sueña, o su sueño?» (Martín Gaite, 1993: 167). Además, cita a Gustavo Adolfo Bécquer y Antoine de Saint-Exupéry[18], el autor de *El principito*, aunque, en este caso, se refiere a su obra *Terre des hommes*, que la autora relaciona con *El marinero*, de Pessoa.

> Tanto el del marinero perdido en una isla como el del aviador perdido en el desierto son sueños en busca de normalidad. Para ellos supone una necesidad construirse imaginariamente un país tranquilizador y apacible, con referencias a un orden establecido. Ese es su refugio. Solo así pueden sobrevivir a la aventura de su desarraigo. Contrarrestar una situación donde lo excepcional -es decir, la brecha en la costumbre- ha llegado a un punto límite. En una palabra, el caso opuesto al

---

17 Incluso lo hace cuando escribe sobre otros autores, como el periodista Gustavo Fabra, por sus afinidades con Rosalía de Castro, Pessoa y Valle-Inclán (Martín Gaite, 2006: 69).

18 A este escritor francés lo descubre durante su viaje a Cannes, junto a Sartre, Camus, Gide, Proust, etc. (Martín Gaite, 1993: 17).

de la señorita Matilde en *El balneario*. O se sueña la aventura desde la rutina o se sueña la rutina desde la aventura. Pero en ambos casos el puente de evasión es la fantasía. (Martín Gaite, 1993: 168)

En octubre de 1990, antes de otra función de *El marinero*, la autora lee la conferencia titulada «La incertidumbre redentora»[19] (Martín Gaite, 1993: 373–379). La obra, calificada como «alucinante relato» (Martín Gaite, 1993: 374) contiene «las ambigüedades propias de Pessoa», así como «las dos constantes más representativas del poeta portugués: el desdoblamiento de personalidad y la confusión entre realidad y sueño. Ambas se funden en esa búsqueda incesante y obsesiva del propio ser» (Martín Gaite, 1993: 375). Además, destaca las concomitancias existentes con Unamuno, a quien admiraba y leyó el autor del *Libro del desasosiego*; por ejemplo, las perplejidades de tipo metafísico que angustian al escritor y el sentimiento trágico de la vida (Martín Gaite, 1993: 378–379).

En 1977 la escritora conoce personalmente en Madrid a Agustina Bessa-Luís, «considerada, después de Fernando Pessoa, como la más importante revelación de la literatura portuguesa del siglo xx» (Martín Gaite, 2006: 89), de la que escribe justo después un artículo. Dos años antes ya había leído *A Sibila* en portugués, cuya lectura ejerció sobre ella «un extraño poder de seducción» (Martín Gaite, 2006: 89).

El que, ya muy de tarde en tarde, proporcionan las voces que en el seno mimético y artificioso de nuestro entorno cultural aciertan a sonar de otra manera y poner ante los ojos del lector la presencia viva de lo narrado. Historia que enlaza con la epopeya rural, con el tema de las mujeres aparentemente sometidas pero indomables de la raza galaico-portuguesa, con lo mágico, lo intemporal y lo sagrado. A través de una exuberancia de evocaciones, turbulenta e indisciplinada, de una aportación de versiones orales hechas de personajes tan de carne y hueso como simbólicos, el lector se adentra en un paisaje y unas estancias donde todo lo ve y todo lo toca. Nada es postizo, ni afectado, aunque sea literario en el más puro sentido del término. (Martín Gaite, 2006: 89)

Martín Gaite (2006: 89–90) destaca «sus excepcionales dotes de narradora en la década de los cuarenta», su visualidad, y una eficacia y un instinto literario basados en su mirada, «que casi da miedo de puro profunda, [...] Podría

---

19 En este texto, junto a Unamuno, también menciona la afirmación de Rosalía de Castro *Teño medo d'unha cousa que vive e que non se ve*, por sus afinidades con la obra de Pessoa (Martín Gaite, 1993: 378).

parecerse a la que nos lanza desde sus retratos Rosalía de Castro». Justo cuando alude a la mirada, recuerda la afirmación de Valle-Inclán, tan presente en su propia obra: «En ningún momento del mundo pudo el hombre deducir de su mente una sola forma que antes no estuviera en sus ojos»; de ahí que «solo puede contar bien el que ha mirado bien» (Martín Gaite, 2006: 90). Es decir, Bessa-Luís ejemplifica los conceptos clave sobre el arte de narrar de la autora salmantina[20], como Queirós, Pessoa y los escritores españoles citados, algunos gallegos.

En *Desde la ventana* escribe de nuevo sobre Rosalía de Castro y los cancioneros galaico-portugueses, al reflexionar sobre el amor, «uno de los principales acicates de la escritura femenina» (Martín Gaite, 1999: 58); de hecho, lo hace justo después de mencionar las cartas de Mariana Alcoforado, que ella misma tradujo. «Pocas cartas de pasión se conservan escritas por mujeres reales, porque hasta las de la monja portuguesa sor Mariana Alcoforado se duda si fueron auténticas o un artificio literario, excelente, por cierto, caso de que lo fuera» (Martín Gaite, 1999: 59). A continuación, alude a los cancioneros galaico-portugueses y a Rosalía de Castro.

> No en vano en los cancioneros galaico-portugueses, aunque escritos por hombres, es de la boca de las mujeres de donde se hacen brotar las quejas de ausencia más desgarradoras. Bien se elija como interlocutor al amado distante, a los ciervos del monte, a las olas del mar o a las ramas del pino, la profundidad de la queja se acrecienta por su misma condición de clamor en el desierto. Siglos más tarde, Rosalía de Castro llegaría a personificar este interlocutor en la luna. (Martín Gaite, 1999: 59)

La traducción de Martín Gaite comienza con un prólogo suyo y se cierra con un artículo de Emilia Pardo Bazán, escritora muy presente en la obra de la autora salmantina; ambas, muy interesadas por las cartas de Alcoforado, del siglo XVII. La crítica destaca «la fina prosa crítica» del prólogo y la traducción «tan sugerente y exacta» (Cuevas, 2000). «[...] estas cartas crearon un estilo y género y de ellas es deudora la novela epistolar por excelencia *Les laisons dangeureuses* (*Las amistades peligrosas*), de Pierre

---

20 La teoría literaria de Martín Gaite y su mutua influencia con su práctica ficcional se analizan en profundidad en Fuentes del Río, 2017.

Choderlos de Laclos, [...] es un hito en la literatura epistolar» (Martín Gaite en Sigüenza, 2000). Precisamente los diarios y las cartas están muy presentes en su producción; por ejemplo, en las novelas *Entre visillos* y *Nubosidad variable*.

En resumen, es indudable la fascinación de Martín Gaite por Portugal y su literatura, debido, en parte, a su especial conexión con Galicia y su cultura, así como su influencia. Ambos están presentes en el conjunto de su producción, tanto en su teoría literaria, como en su práctica ficcional.

Bibliografía

CALVI, M. V. (2007): «Introducción», en MARTÍN GAITE, C.: *El libro de la fiebre*. Madrid, Ediciones Cátedra, 9–74.

CARRILLO ROMERO, M. C. (2010): *La visión de lo real en la obra de Carmen Martín Gaite*. Cáceres, Servicio de Publicaciones de la Universidad de Extremadura.

CUEVAS, C. (2000): «Cartas de amor», *El Cultural*, 13 septiembre. <http:// www.elcultural.com/ revista/ letras/ Cartas-de-amor/ 1998> [consulta: 12 octubre 2018].

FUENTES DEL RÍO, M. (2016): «El carácter lúdico de la literatura en la obra de Carmen Martín Gaite. El juego dialéctico entre lector y escritor», *Espéculo. Revista de Estudios Literarios*, núm. 57, 52–70; <https:// webs. ucm.es/ info/ especulo/ Literatura_y_Juego_Especulo_57_UCM_2016. pdf > [consulta: 12 octubre 2018].

FUENTES DEL RÍO, M. (2017): *La concepción de la literatura en la obra de Carmen Martín Gaite: de la teoría literaria a la práctica ficcional. Un modelo comunicativo*. Madrid, Universidad Complutense; <eprints.ucm. es/42366/> [consulta: 12 octubre 2018].

FUENTES DEL RÍO, M. (2018a): «Las escasas fronteras entre la literatura y el cine en la obra de Carmen Martín Gaite». En GUTIÉRREZ-SANZ, V.; ESCUDERO, I. G.; ROMERO-VELASCO, P.; y CAMODECA, P. (eds.): *Fronteras de la literatura y el cine*. Valladolid, Ediciones Universidad de Valladolid, 71–88.

FUENTES DEL RÍO, M. (2018b): *Aprender a escribir con Carmen Martín Gaite*. Madrid, Fragua.

GONZÁLEZ COUSO, D. (2009): «Carmen Martín Gaite y su geografía literaria», *Espéculo. Revista de Estudios Literarios*, núm. 41. <http:// www. ucm.es/ info/ especulo/ numero41/ cmggeoli.html> [consulta: 12 octubre 2018].

GUILLERAGUES, G. J. DE L. y ALCOFORADO, M. (2000): *Cartas de amor de la monja portuguesa Mariana Alcoforado*, ed. de Carmen Martín Gaite. Barcelona, Círculo de Lectores.

LLANOS DE LOS REYES, M. (2002): «La evocación, el sueño y la rutina, tres motivos fundamentales en el universo cuentístico de Carmen Martín Gaite», *Espéculo. Revista de Estudios Literarios*, núm. 21. <http:// www.ucm.es/ info/ especulo/ numero21/ cuen_cmg.html> [consulta: 12 octubre 2018].

MARTÍN GAITE, C. (1992): *El cuarto de atrás*. Barcelona, Ediciones Destino.

MARTÍN GAITE, C. (1993): *Agua pasada*. Barcelona, Anagrama.

MARTÍN GAITE, C. (1995): *Hilo a la cometa. La visión, la memoria y el sueño*, ed. de Emma Martinell Gifre. Madrid, Espasa Calpe.

MARTÍN GAITE, C. (1999): *Desde la ventana. Enfoque femenino de la literatura española*. Madrid, Espasa Calpe.

MARTÍN GAITE, C. (2002a): *Pido la palabra*. Barcelona, Anagrama.

MARTÍN GAITE, C. (2002b): *Cuadernos de todo*, ed. Maria Vittoria Calvi. Barcelona, Random House Mondadori.

MARTÍN GAITE, C. (2006): *Tirando del hilo (artículos 1949–2000)*, ed. de José Teruel. Madrid, Ediciones Siruela.

MARTÍN GAITE, C. (2007): *El libro de la fiebre*, ed. de Maria Vittoria Calvi. Madrid, Cátedra.

MARTÍN GAITE, C. (2011): «Prólogo», en QUEIRÓS, E. y ORTIGÃO, R.: *El misterio de la carretera de Sintra*. Barcelona, Acantilado, 7–15.

MARTINELL GIFRE, E. (1995): «Introducción», en MARTÍN GAITE, C.: *Hilo a la cometa. La visión, la memoria y el sueño*. Madrid, Espasa Calpe, 13–26.

MARTINELL GIFRE, E. (1999), «Introducción», en MARTÍN GAITE, C.: *Cuéntame*, ed. de Emma Martinell Gifre. Madrid, Espasa Calpe, 9–37.

PINEDA CACHERO, A. (2000): «Comunicación e intertextualidad en *El cuarto de atrás*, de Carmen Martín Gaite (I): literatura *versus* propaganda»,

Espéculo. Revista de Estudios Literarios, núm. 16. <http:// www.ucm.es/ info/ especulo/ numero16/ pineda1.html> [consulta: 12 octubre 2018].

REDONDO GOICOECHEA, A. (2004): «Presentación», en REDONDO GOICOECHEA, A. (ed.): *Carmen Martín Gaite*. Madrid, Ediciones del Orto, 9–12.

ROMERO LÓPEZ, D. (2002): «Primeros textos publicados de Martín Gaite en la revista *Trabajos y días* (Salamanca, 1946–1951)», *Signa*, 11, 239–256.

SIGÜENZA, C. (2000): «Carmen Martín Gaite rescata las cartas amorosas de sor Mariana Alcoforado», *La Estrella Digital*, 2 mayo.

Jesús Guzmán Mora

Universität Rostock

La recepción de la novela negra española actual en Portugal: el ciclo de Arturo Andrade, de Ignacio del Valle

Resumen: Ignacio del Valle es el autor de las cuatro novelas que componen el ciclo de Arturo Andrade. Su protagonista es un policía del servicio de inteligencia franquista al que sitúa en escenarios complejos de la historia española y europea del siglo XX: el Madrid de la inmediata postguerra (*El arte de matar dragones*, 2003), la División Azul durante las semanas previas a la cruenta batalla de Krasny Bor (*El tiempo de los emperadores extraños*, 2006), las ruinas de la capital de Alemania antes de finalizar la II Guerra Mundial (*Los demonios de Berlín*, 2009) y la dura España rural de la década de 1950 (*Soles negros*, 2016). Varios de estos libros han sido traducidos al francés, al italiano y al polaco. Pero el portugués es la única lengua en la que pueden leerse los cuatro textos (*O Tempo dos Imperadores Estranhos*, 2008; *A Arte de Matar Dragões*, 2009; *Os Demónios de Berlim*, 2011 y *Céus negros*, 2017), todos publicados por Porto Editora. Nuestro objetivo es analizar la recepción que ha tenido su obra en el país vecino. Para ello, estructuramos nuestro estudio en tres ejes: las críticas literarias realizadas en diferentes blogs escritos por lectores, su inserción en el panorama periodístico y cultural y las reacciones a las visitas del escritor a Portugal. Con este trabajo continuamos nuestra labor investigadora en torno a la obra de Ignacio del Valle, uno de los autores más interesantes dentro de la novela negra española.

Palabras clave: Ignacio del Valle, Novela negra, Novela negra española en Portugal, Trasvases literarios hispano-lusos, Novela y memoria, Arturo Andrade, *El tiempo de los emperadores extraños*.

1. Introducción

Pocas novedades podemos aportar al fenómeno del *boom* que, en los últimos años, ha vivido la novela negra en España. Autores nacionales e internacionales han sido acogidos con gozo en diferentes editoriales que, en algunos casos, han dedicado series dentro de sus sellos al género. Se suceden festivales, congresos y seminarios sobre el tema, cuyo público académico y lector no para de crecer. Como sabemos, el género abandonó hace tiempo el prefijo «sub» para establecerse, «con todas las de la ley», como uno de los prominentes en la República de las letras.

Dentro de los procesos de publicación, uno de los más significativos para observar su buena salud es la traducción de las narraciones a diferentes lenguas. Nosotros, para este trabajo, proponemos estudiar la recepción de la novela negra española reciente en Portugal. Para profundizar en dicha cuestión hemos escogido el caso de las cuatro novelas escritas por Ignacio del Valle que tienen como protagonista a Arturo Andrade. *El arte de matar dragones* (2003), *El tiempo de los emperadores extraños* (2006), *Los demonios de Berlín* (2009) y *Soles negros* (2016) son, como hemos señalado en otras ocasiones (Guzmán Mora, 2015 y 2016), una interesante muestra de hibridez entre el género negro y la novela histórica.

Hemos tomado como referencia para observar la recepción de la obra la opinión de los lectores a través de los blogs literarios en la red del país vecino. Esta sección, en la que incluimos además un interesante artículo de opinión política que toma a una de las novelas del autor para hablar sobre la realidad política del país y repasamos las visitas de Ignacio del Valle a Portugal en la promoción de sus libros, conforma la parte central del capítulo previa a las conclusiones. Antes, abordaremos brevemente y de manera global la recepción de la novela negra española en la nación lusitana.

2. Encuentros de la novela negra entre España y Portugal

Para el caso ibérico, por proximidad, podríamos partir de la fácil hipótesis de un intercambio fluido entre España y Portugal. Sobre la recepción de la novela negra portuguesa en España –el camino inverso al que nosotros recorremos–, ha señalado el escritor Sebastià Benassar lo siguiente:

> La novela negra portuguesa es uno de esos grandes tesoros ocultos [...]. El proceso de ocultación tiene mucho que ver, desde la perspectiva hispánica, con el discurso tradicional de menosprecio hacia el país vecino [...]. La inmensa mayoría [de los escritores portugueses] tienen pocas o ninguna traducción al española y en cambio cosechan los mayores galardones literarios franceses y centroeuropeos, amén de una pléyade de lectores en el mundo entero. Pues bien, la novela negra portuguesa padece en España de un doble proceso de ocultación: en primer lugar

el ya comentado de la escasa recepción de la literatura lusa; en segundo lugar el propio proceso de menosprecio hacia la literatura de género que se encuentran sus autores en el propio Portugal (2015: 327).

La escasez de textos portugueses negros en español no se corresponde con la interesante nómina –aunque siempre incompleta– de traducciones nacionales del género negro en el país vecino. Según dicta el catálogo de la Biblioteca Nacional de Portugal, se pueden leer varias de las narraciones de Manuel Vázquez Montalbán, Andreu Martín –en solitario y con Jaume Ribera–, Alicia Giménez Barlett, Eduardo Mendoza, Eugenio Fuentes o Arturo Pérez-Reverte. Incluso, en los años sesenta, apareció en la editorial Pax de Lisboa la traducción portuguesa de *Los atracadores*, de Tomás Salvador. Por otro lado, sorprende que autores clásicos como Francisco García Pavón o contemporáneos como Lorenzo Silva no hayan sido vertidos aún al portugués. De los autores citados y cuyos libros pertenecen a una serie, las traducciones se reducen a volúmenes intermitentes y no amplían su visión a la serialidad en su totalidad[1].

A pesar de este hecho, sí existe un caso que permite estudiar, en su conjunto, el ciclo de un personaje creado por un autor. Se trata de las ya citadas novelas *El arte de matar dragones*, *El tiempo de los emperadores extraños*, *Los demonios de Berlín* y *Soles negros*, escritas por Ignacio del

---

1   Ofrecemos a continuación una muestra de autores españoles y los títulos de sus obras junto al nombre de los traductores en portugués: Tomás Salvador (*O atentado*, Joaquim Ramos Seabra), Manuel Vázquez Montalbán (*Os pássaros de Banguecoque*, Daniel Gonççalves; *As termas*, Antonio Gonçalves; *O prémio*, Helena Ramos y Artur Ramos; *Milénio*, *Helena Pitta* y *Os mares do sul*, Manuel de Seabra y Simão Sampaio), Andreu Martín y Jaume Ribera (*Por amor à arte*, Franco Cascais; *Zero à esquerda*, *O carteiro toca sempre mil vezes* y *Flanagan 007*, Susana Diego; *Não peças sardinhas fora de época*, Francisco Alba Linhares y *O blues do detective imortal: assassínios em clave de Jazz*, Francisco Marques); Alicia Giménez Bartlett (*Dia de Câes: um caso de Petra Delicado*, Luís Filipe Sarmento; *Rituais de morte: um caso de Petra Delicado*, *Os mensageiros da escuridâo: um caso de Petra Delicado* y *Mortos de papel*, Tânia Ganho), Eduardo Mendoza (*O misterio da cripta assombrada*, Maria Manuela Barros Ferreira; *O labrinto das azeitonas*, J. Teixeira de Aguilar y *O enredo da bolsa e da vida*, Joao Pedro George), Eugenio Fuentes (*O interior do bosque*, Maria do Carmo Abreu y *A mãos do pianista*, Maria do Carmo Abreu y Susane Baeta) y Arturo Pérez-Reverte (*Falcó*, Cristina Rodriguez y Artur Guerra).

Valle y que tienen por protagonista al teniente Arturo Andrade. Aunque para nuestro trabajo no adquiere mayor relevancia, cabe destacar que, además, Andrade es protagonista de una novela por entregas, *Los días sin ayer*, publicadas en *El País Semanal* en la primavera de 2016. Los cuatro textos desarrollan su acción entre el comienzo del franquismo y los finales de la década de 1950 en diferentes escenarios: el Madrid de la inmediata postguerra, el frente del Este con la División Azul, los meses previos a la caída de Berlín y un pueblo extremeño, desde el que Arturo se adentra en el drama de los niños robados durante la dictadura. Arturo pertenece, en la primera narración, a la Sección de Información de Alto Estado Mayor. Posteriormente, forma parte de la División Azul, más tarde es un soldado Waffen-SS, en su condición de español, lo que en la jerga de la División Española de Voluntarios se conoció como *irreductible*. En su última misión hasta la fecha es un policía del Régimen en la década de 1950. Se trata de un personaje poliédrico y que escapa a las definiciones encasilladas del fanático falangista o franquista. Como apunte, decir que se han traducido las obras que tienen como protagonista a Arturo Andrade al francés, al italiano y al polaco, aunque el portugués es la única lengua extranjera en la que pueden leerse las cuatro novelas[2].

La cronología de la publicación en portugués se ve alterada respecto a la aparición original de la serie. En 2008 se tradujo *El tiempo de los emperadores extraños* –2ª de las narraciones– y en 2009 *El arte de matar dragones* –1ª de ellas–. El orden se recuperó en 2011 con *Los demonios de Berlín* y continuó en 2017 con *Soles negros*. Todas ellas han sido llevadas al mercado por Porto Editora y han sido traducidas por Alcinda Marinho, traductora de inglés –principalmente– y español[3].

---

2   Esta es la relación de títulos en los diferentes idiomas: francés (*Empereus des ténèbres*, Elena Zayas y *Les démons de Berlin*, Karine Louesdon y José Maria Ruiz-Funes), italiano (*Il tempo degli strani imperatori*, Matteo Lefévre) y polaco (*Czas obcych władców* [*El tiempo de los emperadores extraños*], Dorota Walasek-Elbanowska).

3   Alcinda Marinho ha traducido desde el español, además de los textos de Ignacio del Valle, la novela *O caderno de Maya* (Isabel Allende) y el libro litúrgico *A palavra do domingo: comentário e oraçao, ano B* (Álvaro Ginel y Mari Patxi Ayerra).

3. El ciclo de Arturo Andrade en Portugal

Consideramos que, además de la crítica literaria, los diferentes blogs que sostienen los lectores en internet permiten apreciar el grado de aceptación de las novelas que aparecen en el mercado. A pesar de la utilización de este medio para nuestra investigación, estamos de acuerdo con lo que ha señalado Genara Pulido Tirado (2012) sobre el papel del mismo en la crítica literaria: como aspecto positivo, se valora la universalidad unida a la inmediatez que ofrece el medio, ya que permite que estas opiniones sean leídas en cualquier parte del mundo gracias a la red global. Pero somos conscientes de que el lector puede dar su visión de una manera poco sistemática y carente de interés.

En esta línea, son varios los blogueros portugueses que se han acercado a la obra de Ignacio del Valle. Para Manuel Cardoso (2012), lo más interesante de *El arte de matar dragones* es el cambio de Arturo Andrade, quien al comienzo es un policía duro, inflexible e irracional que, gracias a su inteligencia y al cuestionamiento de la injusticia será visto como un ser humano. Además, ha destacado el rigor histórico, el análisis psicológico y la emoción mantenida hasta el final, rasgo clásico del género. Nuno Chaves (2012) confirma este último aspecto, ya que se trata de una mezcla de romance histórico y policial con una resolución soberbia. Otra bloguera, de nombre Célia (2008), afirma desde su portal que terminar la lectura de *El tiempo de los emperadores extraños* –al contrario de lo que indica sobre *El arte de matar dragones* (2009), en la que coincide con Cardoso y Chaves– ha sido más penoso que satisfactorio, puesto que nunca la palabra "Fin" le pareció tan bonita. A pesar de que las descripciones del ambiente bélico, los paisajes de la inhóspita Rusia y la actuación de las SS son puntos positivos para ella, la obra le sabe a poco. Algo más positivas, aunque sin salir de esta línea, son las palabras de Nuno Martins (2008) sobre la obra. Para él, el libro tiene una buena temática y personajes complejos aunque no termina de explorar la cuestión propuesta en su totalidad. En el blog "Presa en las palabras", sin firma (2016), se encuentra la única crítica en este campo a *Los demonios de Berlín*. En ella, se señalan como puntos relevantes la escritura, calificada como cautivante, el realismo de las escenas de violencia y horror y la representación del fanatismo inherente a la II Guerra Mundial. Al mismo tiempo, critica la supuesta irrealidad del personaje y la dificultad a la hora de comprender términos en alemán que no quedan explicados. De *Soles negros* (sin firma, 2017) se ha destacado su poder para denunciar, a través de la literatura negra, los episodios que revelan crímenes y atrocidades de otros tiempos. La lectora Joana Reis (2017) considera que, para ser un relato negro, se habla solo en algunas ocasiones de crímenes, que se profundiza demasiado en los problemas de los hombres que combaten en la guerra y cómo sus capacidades mentales y físicas, tras esta experiencia, no son las mismas. A pesar de esto, cree que la escritura es fantástica y valora positivamente los pasajes en los que se da voz a la víctima infantil.

Dentro de los medios de la prensa escrita, llama la atención el artículo que firmó Artur Fontes (2012) para el diario digital *Faro de nuestra tierra* y que tituló «Estes estranhos imperadores...». El título, que remite a la segunda de las obras de Ignacio del Valle, viene acompañado por una cita que recuerda una escena de la novela en la que Arturo Andrade escucha por la radio un discurso de Adolf Hitler. En ella, se dice lo siguiente: «o Fuhrer mais não fazia que esvaziar as palavras de conteúdo e enchê-las de emoções, repetir mentiras uma e outra vez, até a sua cadência narcotizante fazer delas verdades» "el Führer no hacía más que vaciar de contenido las palabras y llenarlas de emociones, repetir las mentiras una y otra vez hasta que su cadencia narcotizante las convirtiese en verdades"[4]. El autor utiliza esta introducción para hablar de la corrupción política en su país. Como advierte, en ningún momento pretende equiparar los discursos hitlerianos, que sirvieron para llevar a cabo un programa militar de limpieza étnica por medios violentos de ocupación y de muerte, con los pronunciados en el contexto democrático portugués, sin amenazas ni terror para quien a ellos se oponga. Pero aprovecha la referencia a la obra de Ignacio del Valle para resaltar cómo los políticos nacionales, al igual que lo percibía Arturo Andrade al escuchar al dictador alemán, «esvaziam-se as palavras de conteúdo e encherem-se de mentiras». Resalta cómo incumplen sus programas políticos al mismo tiempo que el poder judicial se sitúa junto a ellos, opinión

---

4   Este es el fragmento de la novela en español: «el Führer no hacía más que vaciar de contenido las palabras y llenarlas de emociones, repetir las mentiras una y otra vez hasta que su cadencia narcotizante las convirtiese en verdades» (Valle, 2006: 106).

que el articulista sostiene al denunciar cómo los procesos prescriben sin que suceda nada. Para él, los miembros de la clase política viven «bem e são os «senhores», com a pretensão de serem eles os «imperadores» das nossas consciências». Prosigue Fontes con el tema para finalizar con las siguientes palabras: «Estes estranhos imperadores estão longe de serem dignos representantes de um povo cuja vitalidade soube construir este lugar, chamado Portugal: O dos grandes centros ou o das aldeias remotas».

Y el último de los aspectos a tener en cuenta se basa en las visitas del autor a Portugal, donde ha concedido varias entrevistas y conocido de primera mano la recepción de sus obras. Ha viajado para presentar las tres últimas del ciclo y, de estas, el acontecimiento más interesante ocurrió en durante la promoción de *Los demonios de Berlín*. En aquella ocasión, en entrevista con Daniel Catalão en la Radio Televisión de Portugal habló de la percepción que tenía de su propia obra tras el contacto con los lectores:

> Portugal me ha acogido como si fuera una madre en todos los sentidos […]. Siento el cariño de los portugueses, conocen al personaje, me cuentan sus aventuras, me dan ideas, me dicen que tengo que meter a este personaje en la siguiente novela, [y me preguntan] que cuándo sale la siguiente novela (Catalão, 2011).

De esta visita es, sobre todo, relevante el encuentro que mantuvo con el escritor Urbano Tavares Rodrigues. Ambos intercambiaron impresiones sobre la literatura y la vida. Tavares Rodrigues valoró la segunda obra del ciclo del siguiente modo: «É um livro prodigioso, toda a descrição da Divisão Azul na Ucrania e na Rússia é uma maravilha» (Rádio Televisão de Portugal, 2011). Y, de su último paso por el país en 2017, además de participar en el Festival Correntes d'Escritas, en Póvoa de Varzim (Sin firma, 2017b), concedió varias entrevistas. En una de ellas, en diálogo con João Fernando Ramos, apuntaba, sin afirmar, la posibilidad de que algunos de los niños robados fueran a parar a familias portuguesas debido a la afinidad entre los gobiernos de Franco y Salazar (Ramos, 2017).

4. A modo de conclusión

Creemos que la obra de Ignacio del Valle ha tenido una buena aceptación en el mercado portugués, lo que ha venido dado, más allá de la buena calidad de sus textos –la literatura de Ignacio del Valle tiene motivos suficientes para ser así considerada–, por el apoyo de Porto Editora, una de las empresas portuguesas del libro de mayor importancia. Las opiniones de los lectores son dispares, aunque ni mucho menos negativas en su conjunto. Por encima de estas, consideramos relevantes las palabras de Urbano Tavares Rodrigues y el uso de Artur Fontes en su artículo para hablar de la actualidad política del país. Esto denota el conocimiento y la aceptación de los textos de Ignacio del Valle más allá de los círculos literarios.

Bibliografía

BENNASAR LLOBERA, S. (2015): «La novela negra contemporánea en Portugal, ¿un género repudiado?», en SÁNCHEZ ZAPATERO, J. y À. MARTÍN ESCRIBÀ (eds.): *El género eterno: estudios sobre novela y cine negro.* Santiago de Compostela, Andavira, 327–332.

CARDOSO, M. (2012): «*A Arte de Matar Dragões* – Ignacio del Valle», *Dos Meus Livros.* <http://aminhaestante.blogspot.de/2012/01/arte-de-matar-dragoes-ignacio-del-valle.html> (Último acceso: 11-1-2018).

CATALÃO, D. (2011): «Ignacio del Valle está em Portugal a promover a mais recente obra [entrevista]», Rádio Televisão de Portugal. <https:// www. rtp.pt/ noticias/ cultura/ ignacio-del-valle-esta-em-portugal-a-promover-a-mais-recente-obra_v471517> (Último acceso: 25-9-2018).

CÉLIA (2008): «[Opinião] O *Tempo dos Imperadores Estranhos*, de Ignacio del Valle», *Estante de Livros. Blogue Literario.* <http:// www.estantedelivros.com/ 2008/ 11/ o-tempo-dos-imperadores-estranhos.html > (Último acceso: 11-1-2018).

CÉLIA (2009): «[Opinião] *A Arte de Matar Dragões*, de Ignacio del Valle», *Estante de Livros. Blogue Literario.* <http:// www.estantedelivros.com/ 2009/ 03/ a-arte-de-matar-dragoes.html> (Último acceso: 11-1-2018).

CHAVES, N. (2012): «*A Arte de Matar Dragões* – Ignacio del Valle», *Página a página.* <https://nososlivros.wordpress.com/2012/05/01/a-arte-de-matar-dragoes-ignacio-del-valle/> (Último acceso: 11-1-2018).

FONTES, A. (2012): «Estes estranhos imperadores…», *Farol da nossa terra*, 15-6-2012. <http://www.faroldanossaterra.net/2012/06/15/estes-estranhos-imperadores/> (Último acceso: 12-1-2018).

GUZMÁN MORA, J. (2015): «Mira que te mira Dios: la División Azul a través de la novela policíaca en *El tiempo de los emperadores extraños* (2006), de Ignacio del Valle», en SÁNCHEZ ZAPATERO, J. y À. MARTÍN

Escribà (eds.): *El género eterno: estudios sobre novela y cine negro*. Santiago de Compostela, Andavira, 137–142.

Guzmán Mora, J. (2016): «Arturo intuyó un nuevo giro del azar: en la batalla de Berlín hay lugar para la novela negra», en y Martín Escribà, À. y J. Sánchez Zapatero (eds.): *El género negro: de la marginalidad a la normalización*. Santiago de Compostela, Andavira, 65–70.

Martins, N. (2008): «*O Tempo dos Imperadores Estranhos* – Ignacio Del Valle», *O que eu leio*. <http:// oqueeuleio.blogspot.de/ 2008/ 11/ o-tempo-dos-imperadores-estranhos.html> (Último acceso: 11-1-2018).

Pulido Tirado, G. (2012): «La crítica literaria española frente a los nuevos medios y el cambio», *Caracteres: estudios culturales y críticos de la esfera digital*, 1(2), 29–38. <http:// revistacaracteres.net/ wp-content/ uploads/ 2012/ 11/ Caracteresvol1n2noviembre2012-lacritica.pdf> (Último acceso: 25-9-2018).

Rádio Televisão de Portugal (2011): «Urbano Tavares Rodrigues recebeu jovem escritor espanhol», *Rádio Televisão de Portugal*. <https:// www.rtp.pt/ noticias/ cultura/urbano-tavares-rodrigues-recebeu-jovem-escritor-espanhol_v451147> (Último acceso: 25-9-2018).

Ramos, J. F. (2017): «Ignacio del Valle em entrevista a João Fernando Ramos», *Rádio Televisão de Portugal*. <https://www.youtube.com/watch?v=-NfBzVf1IgU> (Último acceso: 25-9-2018).

Reis, J. (2017): «Opinião *Céus Negros* de Ignacio del Valle | Porto Editora», *Maggie Books*. <http://maggieawesomebooks.blogspot.de/2017/04/opiniao-ceus-negros-de-ignacio-del.html> (Último acceso: 12-1-2018).

Sin firma (2016): «*Os Demónios de Berlim* – Opinião», *Presa nas palavras*. <http://presa-nas-palavras.blogspot.de/2016/12/os-demonios-de-berlim-opiniao.html> (Último acceso: 11-1-2018).

Sin firma (2017a): «*Céus Negros* de Ignacio del Valle – Opinião», *Efeito dos Livros*. <http://efeitodoslivros.blogspot.de/2017/03/ceus-negros-de-ignacio-del-valle-opiniao.html> (Último acceso: 11-1-2018).

Sin firma (2017b): «Cine-Teatro Garrett recebe a melhor literatura de Língua Espanhola», *Póvoa de Varzim. Câmara Municipal*. <http:// www.cm-pvarzim.pt/noticias/cine-teatro-garrett-recebe-a-melhor-literatura-de-lingua-espanhola> (Último acceso: 25-9-2018).

Valle, I. del (2006): *El tiempo de los emperadores extraños*. Madrid, Alfaguara.

STUDIEN ZU DEN ROMANISCHEN LITERATUREN UND KULTUREN

Band   1 Mariá Fernanda de Abreu: Cervantes y los mares, en los 400 años del Persiles. 2019.

Band   2 Antonio Rivero Machina, Guadalupe Nieto Caballero, Ismael López Martín y Alberto Escalante Varona (eds.): La mirada ibérica a través de los géneros literarios. 2019.

www.peterlang.com

www.ingramcontent.com/pod-product-compliance
Lightning Source LLC
Chambersburg PA
CBHW030248100426
42812CB00002B/366